Kleine Düsseldorfer Stadtgeschichte

Fritz Dross

Kleine Düsseldorfer Stadtgeschichte

Verlag Friedrich Pustet
Regensburg

Umschlagmotiv:
Düsseldorf von der Rheinseite aus. –
Gemälde von Gustav Lange, 1832.
Stadtmuseum Düsseldorf (Foto: akg-images)

Bibliografische Information der Deutschen Nationalbibliothek

Die Deutsche Nationalbibliothek verzeichnet diese Publikation in der Deutschen Nationalbibliografie; detaillierte bibliografische Angaben sind im Internet über http://dnb.d-nb.de abrufbar.

www.pustet.de

ISBN 978-3-7917-2051-7

Umschlaggestaltung: Kulturdesign Anna Braungart, Tübingen
Gesamtherstellung: Friedrich Pustet, Regensburg

Inhalt

Vorwort

„Die sogenannte Objektivität, wovon heut soviel die Rede, ist nichts als eine trockene Lüge; es ist nicht möglich, die Vergangenheit zu schildern, ohne ihr die Färbung unserer eigenen Gefühle zu verleihen." (Heinrich Heine)

Dies gilt im vorliegenden Fall gleich doppelt: Zum einen mag es wohl schlecht angehen, eine, wenn auch „kleine", Düsseldorfer Stadtgeschichte ins Land zu schicken, die nicht an prominenter Stelle von Heinrich Heine den Glanz sich leiht. Dies wäre hiermit sogleich erledigt; die Stadtgeschichte, die Sie in den Händen halten, will, soweit es dem Autor möglich war, darauf verzichten, eine Sammlung biografischer Notizen vermeintlich großer Söhne und Töchter dieser Stadt zu sein – und dies trifft auch Heinrich Heine, der bekanntlich in Düsseldorf geboren wurde und zur Schule gegangen ist. Dies gilt sodann in einem sehr persönlichen Sinn, denn es ist mir schlichtweg nicht möglich, ganz unverfärbt von Düsseldorf und seiner Geschichte zu reden (und zu schreiben) – umso mehr, seit ich nicht mehr ständig dort lebe.

Heine, der in dem vorangestellten Zitat die Fähigkeiten Shakespeares als Historiker gelobt hat, fuhr fort: „Jene sogenannte Objektivität, die, mit ihrer Leblosigkeit sich brüstend, auf der Schädelstätte der Tatsachen thront, ist schon deshalb als unwahr verwerflich, weil zur geschichtlichen Wahrheit nicht bloß die genauen Angaben des Faktums, sondern auch gewisse Mitteilungen über den Eindruck, den jenes Faktum auf seine Zeitgenossen hervorgebracht hat, notwendig sind." In der vorliegenden Stadtgeschichte versuche ich, Dinge mitzuteilen, von denen ich vermute, dass sie Eindruck auf die Menschen in Düsseldorf gemacht haben, die sie auf verschiedene Weise erlebt haben, und von denen ich gleichzeitig hoffe, dass sie Leserinnen und Lesern des 21. Jahrhunderts einen Eindruck von der Stadt und der Zeit, in der sie vorfielen, vermitteln können. Die Auswahl des Erzählten ist damit gleich in zweierlei Hinsicht spekulativ und spiegelt deswegen hauptsächlich die Mängel meiner anatomischen Fähigkeiten bei dem Verfahren, der historischen Stadt „in die Nieren“ zu schauen, um „das Wesen und den Körper verschollener Zeiten“ sichtbar werden zu lassen, wie Heine Shakespeares Tätigkeit kennzeichnet.

Bedanken möchte ich mich bei Verlag und Lektorat für die angenehme Zusammenarbeit und dem Verein Haus & Grund Düsseldorf e.V. für die Genehmigung, meinen in der zum 110-jährigen Vereinsjubiläum 2006 erschienenen Festschrift publizierten Text hier zur Grundlage meiner Ausführungen zum 20. Jahrhundert machen zu dürfen. Sodann gilt mein Dank den ehemaligen Kolleginnen und Kollegen am Institut für Geschichte der Medizin sowie am Historischen Seminar der Heinrich-Heine-Universität Düsseldorf, ferner den Mitarbeiterinnen und Mitarbeitern des Stadtarchivs Düsseldorf. Ohne das wunderbare Talent meiner neuen Kolleginnen und Kollegen am Institut für Geschichte und Ethik der Medizin der Friedrich-Alexander-Universität Erlangen-Nürnberg, einem Rheinländer in Franken nicht allein eine neue Arbeitsstelle, sondern ein neues Zuhause zu bieten, hätte dieses Buch nicht geschrieben werden können.

Fritz Dross

Stadtgründung und landstädtische Entwicklung

Der Neandertaler, ein Tourist aus Düsseldorf?

Es birgt den Reiz des historisch Verwegenen und entspräche der den Bewohnerinnen und Bewohnern der Stadt Düsseldorf – nicht völlig zu Unrecht – nachgesagten Eitelkeit, die Geschichte dieser Stadt mit einem Ausflügler aus dem Mittelpaläolithikum (ca. 130 000 v. Chr. bis 30 000 v. Chr.) zu beginnen. In dieser Lesart geriete der Neandertaler (*homo neanderthalensis*), benannt nach dem etwa 10 km östlich von Düsseldorf gelegenen ersten Fundort, zu einem steinzeitlichen Wochenendausflügler vom Rhein. Belege für „touristische" Ausflüge ins Neandertal gehen allerdings nur bis in die zweite Hälfte des 17. Jahrhunderts zurück, als der reformierte Theologe und Pietist Joachim Neander, 1674–1679 Rektor der Lateinschule der Düsseldorfer reformierten Gemeinde, offenbar regelmäßig die Höhlen und Grotten der seinerzeit noch wildromantischen Klamm besuchte; unter Umständen sogar, um dort die ihm vom Konsistorium vorgeworfenen „heimlichen Zusammenkünfte" abzuhalten, die ihn schließlich seine Anstellung in Düsseldorf kosteten.

Erst seit dem 19. Jahrhundert indes trug das Tal den Namen des vor allem als Liederdichter („Lobe den Herren, den mächtigen König der Ehren") bekannten Theologen Neander. Im Zeichen romantischer Naturverherrlichung durch die „Düsseldorfer Malerschule" wurde es weiteren Kreisen bekannt. Mit der Eröffnung der Eisenbahnlinie von Düsseldorf nach Erkrath 1838 (1841 Fortführung bis Elberfeld) begann gleichzeitig die weitere touristische wie auch die industrielle Erschließung des Tals, insbesondere durch den 1850 erfolgten Bau eines Eisenhüttenwerkes in Hochdahl sowie der Gründung der „Neanderthaler Aktiengesellschaft für Marmorindustrie" 1854. Während sich die ehedem enge Schlucht durch den Abbau des Kalksteins stetig erweiterte, um schließlich ihren

Künstlerfest in der Neanderhöhle. Lithographie von J. B. Sonderland, 1826. – Mit dem Beginn der Zerstörung der ehemals wildromantischen Düsselklamm durch industriellen Kalksteinabbau und Tourismus begann auch deren Verherrlichung durch die romantisch inspirierten Künstler der Kunstakademie.

älteren Charakter völlig zu verlieren, nahm die Zahl der aus Düsseldorf (und Elberfeld) kommenden Touristen sowie der von ihnen angesteuerten Gaststätten im Tal gleichmäßig zu. Bereits der Bergrat Johann Jakob Noeggerath wies 1852 auf den in den Höhlen befindlichen Lehm hin, in dem er *urweltliche Thierknochen von Höhlen-Bären, Hyänen, Vielfraßen u. dgl.* zu finden hoffte.

Der Knochenfund des Jahres 1856 hing unmittelbar mit der Zerstörung der Grotten durch den Kalkabbau zusammen: Beim Ausräumen des Lehms aus der „Feldhofer Grotte“ stießen zwei Arbeiter auf Knochenreste, eine (mutmaßlich dazu gehörige) Schädeldecke war mit dem Schutt ins Tal geworfen worden und wurde erst dort gefunden. Der Inhaber des Steinbruchs empfahl immerhin das Aufbewahren der Fossilien und zeigte sie später dem Elberfelder Lehrer, Naturforscher und Mitbegründer des „Naturwissenschaftlichen Vereins von Elberfeld und Barmen“, Johann Carl Fuhlrott.

Sensationelle Züge nahm die Deutung des Fundes an: Fuhlrotts Interpretation nach *gehörte das menschliche Wesen zu dem Geschlechte der Flachköpfe, deren noch heute im amerikanischen Westen wohnen, von denen man in den letzten Jahren noch mehrere Schädel an der obern Donau bei Sigmaringen gefunden hat. Vielleicht trägt dieser Fund zur Erörterung der Frage bei: ob diese Geripppe einem mitteleuropäischen Urvolke oder bloß einer (mit Attila?) streifenden Horde angehört haben,* wie eine Zeitung meldete. Daneben wurde spekuliert, es handele sich um den Schädel eines „mongolischen Kosacken“, der mit den Truppen Zar Alexanders I. während der napoleonischen Kriege im frühen 19. Jahrhundert im Neandertal verunglückt war, oder auch, dass es sich um ein Schädelfragment römischen Ursprungs handele: *Wenn man nun bedenkt, daß das römische Heer aus allen Racen der damals bekannten Welt zusammengesetzt war, so kann es nichts Auffallendes haben, wenn man etwa von einem Troßknechte, der in der naheglegenen Höhle verscharrt wurde, Knochenreste findet, die irgendeiner asiatischen oder afrikanischen Race angehören, und daher keineswegs von einer vorweltlichen Menschenspecies herzurühren brauchen.*

Solange Darwins Hypothese einer allmählichen Entwicklung der Arten nicht allgemein akzeptiert war, deutete der Fund eines „primitiven“ Schädelfragments offenbar darauf hin, dass sich Menschen, die nicht aus Europa stammten, hier aufgehalten haben mussten. So ist es auch wenig verwunderlich, dass sich das Stadtmarketing der in der zweiten Hälfte des 19. Jahrhunderts enorm wachsenden Industrie- und Verwaltungsstadt nicht das Vorrecht auf die Deutung des Neandertalers als steinzeitlichen Düsseldorfer Touristen sicherte – die nun auch hier aufgegeben werden muss, da für den Zeitraum beginnend mit der Datierung der Knochenreste aus dem Neandertal um 40 000 vor Christus bis in die Mitte des

12. Jahrhunderts nach Christus keine auch nur einigermaßen zuverlässig diskutablen Zeugnisse vorliegen, welche die Erzählung einer „Stadtgeschichte“ begründen könnten.

Dies gilt noch für die römische Epoche, die am linken Rheinufer vielfältige Zeugnisse hinterlassen hat. Anders als der linksrheinische Nachbar Neuss kann Düsseldorf – wie das rechte Rheinufer überhaupt – nicht auf römische Wurzeln zurückgeführt werden. Vielmehr scheint ein breiter Streifen entlang des rechten Rheinufers im Zusammenhang mit den Bemühungen des römischen Kaiserreiches, die Rheingrenze großräumig zu verteidigen, nicht besiedelt gewesen zu sein. Auch im Zuge des als „fränkische Landnahme“ bezeichneten und im 5. Jahrhundert einsetzenden Vorgangs ist es über lange Zeit nicht zu Siedlungsgründungen am rechten Rheinufer gekommen.

Kaiserswerth & Gerresheim

Ein zweiter Versuch, ein möglichst lange vergangenes Datum zum Startpunkt zu nehmen, führt ins etwa 15 Kilometer nördlich des Stadtkerns – auf halber Strecke zwischen Düsseldorf und Duisburg – gelegene Kaiserswerth und zur Gründung eines vermutlich der Benediktinerregel folgenden Klosters durch den angelsächsischen Mönch Suitbert um 700 auf einer Rheininsel. Neben dem Kloster findet sich eine Königsburg, die von Kaiser Heinrich III. zu einer kaiserlichen Pfalz ausgebaut und tatsächlich von den Häuptern des Reiches besucht wurde – zwischen 1050 und 1257 wurden 57 Urkunden dort ausgefertigt. Reichspolitik wurde in Kaiserswerth auch gemacht, als der Kölner Erzbischof Anno den erst zwölfjährigen Kaiser Heinrich IV. 1062 dorthin entführte, um dessen Mutter (übrigens erfolgreich) zu zwingen, dem Kölner Kirchenfürst größeren Einfluss auf die kaiserliche Politik einzuräumen. Der „Barbarossa“ genannte Kaiser Friedrich I. hat in Kaiserwerth einen Rheinzoll begründet, was neben Stift und Pfalz den dritten Pfeiler der Stadtwerdung Kaiserswerths bildet. Allerdings wurde die Stadt erst 1929 in das Düsseldorfer Stadtgebiet eingegliedert; von der Mitte des 15. Jahrhunderts bis 1772 befand sie sich als Exklave des Territoriums des Erzbischofs von Köln von Düsseldorf aus gesehen sogar im Ausland.

Vergleichbare Probleme entstehen, wenn die Gründung des 1909 eingemeindeten Gerresheim zur Startlinie gemacht würde. Das Ende des 9. Jahrhunderts aus dem Vermächtnis eines Edelherrn Gerrich gegründete Damenstift wurde nach Verwüstung durch ungarische Truppen zu Beginn des 10. Jahrhunderts von Kaiser Konrad I. und dem Kölner Erzbischof reich ausgestattet. 979 erneuerte Kaiser Otto II. das Recht, an der Straße von der Ruhr, die dort in Wege nach Neuss sowie nach Köln gabelte, Zoll zu erheben. Immerhin war es hier der Düsseldorfer Stadtherr, der Graf von Berg, der die nicht unbedeutende Siedlung allerdings erst 1368 zur Stadt erhob.

Der Tag von Worringen

Festzuhalten ist bis hierhin, dass an der Mündung der Düssel in den Rhein eine Siedlung existierte, in der das Stift St. Ursula in Köln seit der Mitte und die Grafen von Berg seit dem Ende des 12. Jahrhunderts gewisse Besitzansprüche urkundlich namhaft gemacht haben. In beiden Fällen werden die Düsseldorfer Besitzungen mitten unter zahlreichen anderen genannt, was nicht gerade auf herausragende Bedeutung schließen lässt. Neben einer Kirche gab es wohl noch wenigstens ein zweites gemauertes Haus, das sogenannte Löwenhaus, das sich im Besitz der Grafen von Berg befand. Die wirtschaftsstrategisch nicht ungünstige Lage gegenüber der seinerzeit bereits bedeutenden erzbischöflichen Stadt und Zollstelle Neuss war den Grafen in der Mitte des 13. Jahrhunderts die Verleihung des „Fähramts" wert, was darauf hinweist, dass ein halbwegs regelmäßiger Fährbetrieb über den Rhein tatsächlich angestrebt wurde – sonst würden Albert, Konrad und Gottschalk kaum dafür bezahlt haben. Ein solcher Fährbetrieb setzt ferner voraus, dass Waren aus dem näheren Umland in den Ort gebracht wurden, um über den Rhein hinweg gehandelt zu werden. In aller Vorsicht darf man wohl eine Siedlung unterstellen, die mit einer dreistelligen Einwohnerzahl zu veranschlagen ist.

Dies ist der bescheidene Stand der Dinge zum Zeitpunkt der Stadterhebung, die durch Urkunde Graf Adolfs V. von Berg am 14. August 1288 unternommen wurde. Naheliegender Weise werden in Düsseldorf Stadtjubiläen gefeiert, wenn sich dieses Datum in runden Zahlen jährt. Die Stadterhebung indes ist keine Leistung der kleinen Siedlung an der Düsselmündung, sondern der Grafen von Berg. Wie manche ihrer Standesgenossen – rechtsrheinisch etwa die Grafen von Mark, linksrheinisch die Jülicher und Klever Grafen – waren die Grafen von Berg im Laufe des 13. Jahrhunderts immer weniger bereit, das mit dem Herzogstitel verbundene Supremat des Erzbischofs von Köln anzuerkennen und sich selbst als dessen Lehnsleute zu betrachten. Ganz ähnlich ging es der reichen und mächtigen Oberschicht der Stadt Köln, die über eine europäische Metropole mit einem Volk von etwa 40 000 Menschen gebot – so viel, wie seinerzeit keine andere Stadt auf dem Gebiet der heutigen Bundesrepublik. Sie begannen, Absprachen untereinander ohne Vorwissen der Erzbischöfe zu treffen; die bergischen Grafen gründeten überdies Städte und befestigte Plätze.

Die dramatische Wendung erhielt das Geschehen, als Graf Adolf von Berg die Erbfolge im Herzogtum Limburg angetragen wurde. Dies rief den entschiedenen Widerspruch des Kölner Erzbischofs Siegfried von Westerburg hervor, zumal sich Adolf mit dem Anspruch auch gegen König Rudolf positioniert hatte. Adolf benötigte mithin potente Bündnispartner. Er verkaufte seine Ansprüche auf Limburg an Herzog Johann von Brabant, und versprach dessen Sohn seine Nichte; was dem Berger erkleckliche 32 000 Mark einbrachte. Siegfried von Köln machte sich daraufhin zum Fürsprecher einer Erbfolge in Limburg durch die Grafen von Geldern, die ihrerseits ihren Anspruch an den Grafen von Luxemburg verkauften. Die Partei um Adolf und Johann gewann die Grafen von Mark und Jülich, vor allem jedoch im Mai 1288 die Stadt Köln, die damit ein erst im Vorjahr mit ihrem Stadtherrn Siegfried getroffenes Bündnis aufgab und auf die Gegenseite wechselte.

In der somit skizzierten Konstellation standen am 5. Juni 1288 auf der Fühlinger Heide nördlich von Worringen – linksrheinisch, etwa auf halber Strecke zwischen Köln und Düsseldorf – Truppen des Erzbischofs von Köln mit geldrischen und luxemburgischen Aufgeboten gegen eine Allianz zwischen dem Herzog von Brabant, den Grafen von Jülich, Mark und Berg sowie der Stadt Köln.

Die hier und da in der Stadt noch getuschelte Auffassung, mit der Schlacht von Worringen beginne die ruhmreiche Konkurrenz zwischen Köln und Düsseldorf (bzw. umgekehrt) ist also blanker Unsinn. Immerhin kämpften auf beiden Seiten „Kölner": ein Aufgebot der Stadt Köln mit den Düsseldorfern – wenn denn unter den im Wesentlichen mit Knüppeln bewaffneten bergischen Bauern überhaupt Düsseldorfer gewesen sein sollten; die Truppen des Erzbischofs von Köln auf der Gegenseite, unter denen sich indes kaum „Kölner" befunden haben. Will man der erst viel später postulierten Städtekonkurrenz, die im Zusammenhang mit der Schlacht von Worringen historisch einigermaßen absurd ist, unbedingt die Ehre geben, empfiehlt sich eher die Sichtweise, es seien nicht zuletzt Düsseldorfer gewesen, die den Kölnern die lang ersehnte Freiheit von ihrem Stadtherrn mit zu erstreiten geholfen haben.

Durch den brabantischen Chronisten Jan van Heelu sind wir recht gut über die Schlacht unterrichtet, die zu den blutigsten und grauenhaftesten der an einschlägigen Gemetzeln nicht armen europäischen Geschichte des Mittelalters gezählt wird. Dass die bergischen Bauern – ein ritterliches Aufgebot stand Graf Adolf nicht zu Gebote – die Schlacht entschieden hätten, lässt sich dem Bericht van Heelus nicht ohne weiteres entnehmen. Wohl zurecht verängstigt angesichts des blutigen Schauspiels einer Schlacht zwischen mehr als 4000 Reitern mit geschätzten 10 000 Pferden hielten sich die bergischen Bauern lange zurück, um dann, angestachelt von dem Zisterzienserkonversen Walter Dodde, mit lautem Geschrei und wild nach allen Seiten um sich prügelnd, die ritterlichen Herren so sehr zu verängstigen, dass Erzbischof Siegfried von Westerburg eilends versuchte, in die vergleichsweise sichere Gefangenschaft eines brabantischen Ritters zu kommen, um nicht den

Der Mönch Walter Dodde und die bergischen Bauern bei der Schlacht von Worringen 1288. Gemälde von Peter Janssen, 1893. – Im Unterschied zu seinen Verbündeten und Feinden bestritt Graf Adolf von Berg die Schlacht mit bäuerlichen Kriegsleuten, die mit ihrer ungewöhnlichen Kampfweise für Furcht und Schrecken unter verbündeten und verfeindeten Rittern sorgten.

„teuflischen Bauern“ unter die mörderischen Prügel zu geraten. Nutznießer der Situation war Graf Adolf, der den Erzbischof unter dem Versprechen, nicht ohne Absprache mit seinen Verbündeten Lösegelder auszuhandeln, über den Rhein nach Monheim führte.

Die Stadterhebung Düsseldorfs

Über ein Jahr, bis zum 6. Juli 1289, blieb der Kölner Erzbischof Siegfried als Gefangener in der Obhut Graf Adolfs auf Schloss Burg; das zur Freilassung festgesetzte Lösegeld war so hoch, dass eine auf siebeneinhalb Jahre sich erstreckende Ratenzahlung verabredet wurde. Der Berger zögerte indes nicht lange, sein Territorium mit festen Plätzen am Rhein zu sichern. Im Folgemonat der Schlacht schloss er erst einen Vertrag mit der

Großes Stadtsiegel von 1303 mit der Umschrift: SIGILLVM OPIDI DE DVSSILDORP (= Siegel der Stadt Düsseldorf). Mit dem Motiv des großen Stadtsiegels siegelt heute das Historische Seminar der Heinrich-Heine-Universität.

Stadt Duisburg, in dem sich die Parteien gegenseitig ungehinderten Verkehr und Schutz versprachen, sodann erließ er die Urkunde, die das Dorf an der Düssel formaliter zur Stadt machte. Vorlage der Urkunde war die 12 Jahre ältere Ratinger Stadterhebung. In Düsseldorf galt, wenn auch mit Einschränkungen, Ratinger Stadtrecht.

Die Urkunde regelte insbesondere das Gerichtswesen der neuen Stadt – von „politischen“ Organen war vorerst nicht die Rede. Aus dem Jahr 1303 stammt der älteste Beleg für einen Bürgermeister, ein Rat der Stadt wurde erstmalig 1358 erwähnt. Als wichtigstes Gremium muss daher die Versammlung der acht Schöffen gelten, die frei zu wählen die Stadterhebungsurkunde den Bürgern der Stadt einräumte. Für Fälle, in denen Strafen an Leib und Leben der Beklagten verhängt werden konnten („Blutgerichtsbarkeit“) blieb ein landesherrliches Gericht zuständig. Wenn die Schöffen zu keinem einhelligen Urteil kommen konnten, sollten sie bei dem erfahreneren Gericht in Ratingen Rat holen. Daneben verlieh die Urkunde den Bürgern das Recht, zwei Jahrmärkte von jeweils einer Woche Dauer sowie jeden Montag einen Wochenmarkt zu halten; die Bürger sollten außerdem in der Grafschaft Berg von allen Zöllen befreit sein.

Es ist durchaus bezeichnend, dass sich der Stadtherr anlässlich der Stadterhebung nicht darum gekümmert hat, von welchen Einkünften dieses Gemeinwesen hätte existieren sollen – anders noch als in der Ratinger Urkunde wurde der Stadt nicht zugestanden, eine Verbrauchssteuer zu erheben, um die Befestigungsanlagen einzurichten und in Stand zu halten. Der Stadtkern war winzig; auf einer Fläche von nicht einmal 4 Hektar, erschlossen durch zwei Straßen (Altestadt, Krämerstraße) sowie einer kleinen Vorstadt auf dem Gebiet der heutigen Ratingerstraße, spielte sich das nunmehr städtische Leben ab.

Neben dem bürgerlichen Leben galt auch dem kirchlichen die gräfliche Fürsorge. Ebenfalls unmittelbar nach der Schlacht auf der Fühlinger Heide und der Gefangennahme des Erzbischofs Siegfried ließ er in Rom um Zustimmung bitten, ein Kanonikerstift in Düsseldorf zu errichten. Papst Nikolaus beauftragte daher den Abt von Siegburg in Vertretung des in bergischer Gefangenschaft befindlichen Erzbischofs mit der Prüfung der Verhältnisse. Zwar dauerte es bis 1306, bis die Einrichtung der im Wesentlichen vom Grafen fundierten Kanonikate die erzbischöfliche und päpstliche Bestätigung erhielt, aber die seitdem bestehende Verbindung von Pfarr- und Stiftskirche ermöglichte den Grafen von Berg die recht weitgehende Kontrolle auch der kirchlichen Verhältnisse der kleinen Stadt.

Frühe Residenzpläne

Von einem raschen Aufblühen kann jedoch keine Rede sein – für etwa ein Jahrhundert haben sich die städtischen Verhältnisse, soweit bekannt, nicht wesentlich geändert. Die Nach-

Schlussstein im Gewölbe der spätgotischen Kreuzherrenkirche mit dem ältesten Stadtwappen Düsseldorfs, dem Anker. Der Anker steht für die ursprünglich hohe Bedeutung der Schifffahrt für die mittelalterliche Stadt.

folger des Stadtgründers Adolf von Berg haben sich um Düsseldorf recht wenig gekümmert, und aus eigener Kraft waren den Düsseldorferinnen und Düsseldorfern vorerst keine Entwicklungssprünge möglich. Wiederum war es der bergische Stadtherr, der im letzten Drittel des 14. Jahrhunderts der Stadtentwicklung neue Impulse gab. Wilhelm von Jülich, seit 1380 Herzog von Berg, begann um 1370, sich für die kleine Stadt an der Düssel zu interessieren. Es ist durchaus bezeichnend, dass eine Reihe von Maßnahmen am 15. August 1371 damit begann, den Erben des Fähramtes ihre Privilegien zu bestätigen; am Folgetag zeichnete der Landesherr eine Urkunde, welche der Stadt und ihren Bürgern die 1288 verliehenen Rechte erneuerte und nicht unbedeutend erweiterte.

Hierzu zählt insbesondere das Recht, Meß- und Wiegegelder zu erheben, womit erstmalig eine landesherrlich privilegierte Einnahmequelle an die Bürgerschaft verliehen wurde.

Vieles deutet darauf hin, dass Wilhelm geplant hat, die Residenz der jülich-bergischen Herzöge in Düsseldorf zu etablieren. Seit den 1380er-Jahren sind Bauarbeiten am herzoglichen Schloss greifbar. 1382 erfahren wir von einer Schreibkammer – offenbar der landesherrlichen Kanzlei –, schließlich haben sich Wilhelm und seine Gemahlin Anna von Bayern zwischen 1384 und 1404 an keinem ihrer bekannten Aufenthaltsorte so häufig befunden wie in Düsseldorf.

In diesen Zusammenhang gehört die 1384 und 1394 urkundlich vollzogene Stadterweiterung, welche das städtische Terrain innerhalb der Mauern auf über 22 Hektar versechsfachte. Der damit erreichte Stand ist in den folgenden Jahrhunderten nicht mehr wesentlich übertroffen worden. Das Problem war eher, die recht bald befestigte Neustadt auch zu besiedeln. Dem diente die „Eingemeindung“ der umliegenden Ortschaften Golzheim, Derendorf und Bilk – heute Stadtteile am Rande der Innenstadt. Alle dortigen Haus- und Grundbesitzer sollten die städtischen Freiheiten genießen, wenn sie ihren Wohnort in die Neustadt verlegten.

Wie bereits Stadtgründer Adolf wandte sich auch Wilhelm im Zuge dieser zweiten Stadtgründung dem Stift zu. Zeitweilig sollen 40 Kanonikate fundiert gewesen sein; schon 1397 – noch zur Regierungszeit des Herzogs – werden nur 16, Mitte des 15. Jahrhunderts nur noch zehn Stiftsangehörige erwähnt. Der Stiftsdekan amtierte gleichzeitig als Pfarrer der Kirche und Seelsorger des Pfarrsprengels. Der Stiftsscholaster unterrichtete die Kinder der Bürgerschaft im Lesen, Schreiben und Rechnen, womit das mittelalterliche städtische Schulwesen allerdings bereits umfassend dargestellt ist. Die Kanoniker begannen, die um die Kirche liegenden Häuser anzukaufen, so dass sich an der südöstlichen Ecke der Altstadt eine kleine Stiftsimmunität bilden konnte. Über die Vergabe von Kanonikaten als Versorgung für herzogliche Beamte lässt sich die enger werdende Verflechtung zwischen landesherrlichem Personal und städtischer Oberschicht greifen. Neben Stadt und

Stift wurde schließlich auch das Gasthaus (Hospital) erweitert, wenn nicht neu errichtet.

Gasthaus

Das Gasthaus bzw. Hospital lag unmittelbar vor dem östlichen Stadttor, neben der Liebfrauenkapelle, am Anfang der Ratinger Straße. Im Laufe der 1390er-Jahre ist es mit Stiftungen aus der Bürgerschaft, von Kanonikern und herzoglichen Beamten ausgestattet worden, um *de arme peilgrime, seeken* (Siechen = Kranken) *ind lamen ind blynden to spysen ind to laven*. In der Mitte des 15. Jahrhunderts hatte das Hospital im Wesentlichen Einkünfte von 15 Maltern Roggen; das daraus gebackene Brot wurde vermutlich von Bürgermeister, Schöffen und Rat an bestimmte arme Familien ausgegeben. Dass im Hospital einigermaßen geregelt Krankenbehandlungen durch geschultes Personal vorgenommen worden wären, kann ziemlich sicher ausgeschlossen werden. Weniger gewiss lässt sich sagen, in welchem Umfang Pilger dort übernachtet haben. Zwar existieren dafür keine unmittelbaren Belege, aber der Ankauf von zahlreichen Reliquien durch Herzog Wilhelm lässt zeitweilig eine gewisse Bedeutung der Stadt als Wallfahrtsort durchaus plausibel erscheinen. 1443 wurden die Liebfrauenkapelle und das Gasthaus den Kreuzbrüdern vermacht, die sich dort niederließen. Das Gasthaus wurde in die erweiterte Neustadt, an die Flingerstraße verlegt – nicht zuletzt ein Beleg dafür, dass die Bauplätze in dem neu erschlossenen Terrain noch lange nicht alle vergeben waren.

Es sollte noch bis ins 18. Jahrhundert dauern, bis alle innerhalb der Befestigungsanlagen befindlichen Hausplätze tatsächlich mit festen Häusern bebaut waren. Bis ins 16. Jahrhundert gehörten nicht allein Gärten, sondern auch in der Stadt herumlaufendes Vieh zum Stadtbild. Aus Listen von 400 bis 450 Haushalten, die in der ersten Hälfte des 15. Jahrhunderts zu Abgaben herangezogen wurden, lässt sich recht grob auf eine Stadtbevölkerung von rund 2000 Menschen schließen; nur etwas mehr als die Hälfte davon wird innerhalb der Stadtbefestigung gelebt haben.

Leben und Lebenshaltung der Düsseldorferinnen und Düsseldorfer waren noch stets von der im engeren Umland betriebenen Landwirtschaft geprägt. Der herzogliche Hof beschaffte sich die nötigen Produkte des gehobenen Bedarfs und selbst Lebensmittel in Köln. Die reichsten Bürgerfamilien hatten ihr Vermögen der Lage der Stadt am Rhein zu verdanken. Einige wenige waren über die Verwaltung des von Wilhelm nach Düsseldorf geholten Rheinzolls zu Reichtümern gekommen. Daneben gehörten die Rheinschiffer zu den Oberschichtfamilien der Stadt. Sie betrieben keinen Fernhandel, sondern brachten Äpfel und Pflaumen aus dem Umland stromabwärts; rheinaufwärts hat der Kölner Stapel dem Radius Düsseldorfer Schiffer in der Reichsstadt ein Ende gesetzt. An der Schiffsanlegestelle, die während des 15. Jahrhunderts in die Südwestecke der Stadt ans Zolltor verlegt und mit einem Kran ausgerüstet worden ist, wurde Ware vom Wasser auf die Straße und umgekehrt verladen, die dann auf dem Landweg in der Regel ins bergische Hinterland, nur selten jedoch weiter verfrachtet wurde.

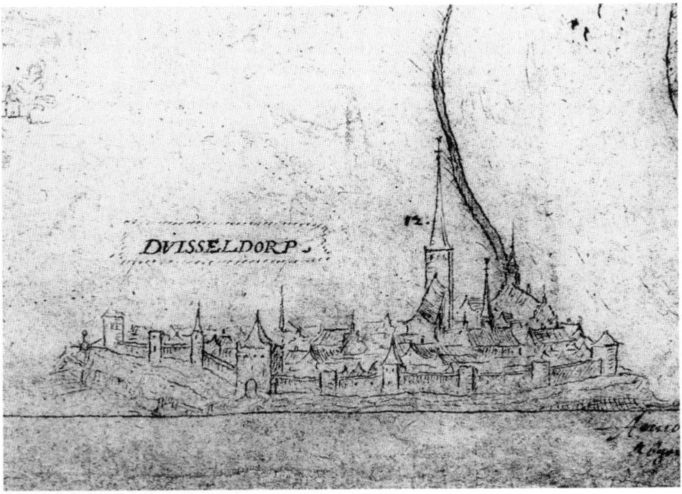

Die älteste Stadtansicht Düsseldorfs von der Landseite (Nordwesten) aus findet sich auf einer Umgebungskarte von Neuss (1604).

Das Be- und Entladen der Schiffe und Fuhrwerke durch die „Weinschröder“ scheint bereits im frühen 15. Jahrhundert ein obrigkeitlich verfasstes Gewerbe gewesen zu sein, während aus dem handwerklich-gewerblichen Bereich bis in die zweite Hälfte des 16. Jahrhunderts außer einer Amtsordnung der Schuhmacher keinerlei vergleichbare Regelungen vorliegen. Noch am ehesten scheint im Textilgewerbe angesichts der immer wieder genannten Tuchscherer, Weber, Walker und Färber eine gewisse Aktivität bestanden zu haben. Selbstverständlich hat es Bäcker, Brauer, Metzger sowie Schneider gegeben – aber es waren offensichtlich so wenige, dass sich jede Organisation in Zünften oder „Ämtern“ vollständig erübrigte. Gastwirte, Brauer, Bier- und Weinhändler gehören dann zu der Gruppe der Gewerbetreibenden, die im Laufe des 15. Jahrhunderts den Aufstieg in die städtische Oberschicht gemeistert haben. Dies gilt ebenfalls für Beamte der landesherrlichen Verwaltung, die auch in kommunalen Spitzenämtern, etwa als Schöffen, fungierten.

Die städtische Verwaltung blieb klein, tagte unregelmäßig und verfügte nicht einmal über eigene Räumlichkeiten. Lange Zeit haben die Bürgermeister, Schöffen und der Rat in der Pfarr- und Stiftskirche St. Lambertus getagt. Im Laufe des 15. Jahrhunderts sind dann das alte Zollhaus sowie das der „Schwarze Ochse“ genannte Haus als Tagungsstätten benutzt worden, wenn sich nicht eine kleinere Runde aus dem Bürgermeister und vier „Gesellen“ gleichsam privat beim Bürgermeister oder in einer Gastwirtschaft traf, um die anstehenden Fragen zu klären. Der Gestaltungsspielraum war allerdings angesichts des zur Verfügung stehenden Etats minimal. Haupteinnahmequelle war die Besteuerung von Grund und Boden, die 1443 fast 80% der gesamten städtischen Einnahmen von mageren 1690 Mark erbrachte; daneben erzielte die Stadt Einkünfte aus dem Werftgeld, aus Mühlen- und Wegegeld sowie der vermutlich nicht allzu einträglichen Fischerei in den Stadtgräben.

Die jülichsche und pfälzische Residenz

Düsseldorf wird vorzeigbar

Im Laufe des 16. Jahrhunderts wuchs der kleinen Stadt an der Düsselmündung mehr und mehr die Funktion einer Residenzstadt zu. Nicht nur die äußere Geschichte der Stadt ist daher in Vielem von den politischen und militärischen Erfolgen und Misserfolgen ihrer Herren geprägt worden. Nachdem die Herzogtümer Jülich und Berg ebenso wie Kleve und die westfälische Grafschaft Mark bereits seit Generationen in Personalunion regiert worden waren, entstand mit der Heirat Johanns von Kleve und Mark (1511/21–1539) mit der jülich-bergischen Erbin Maria im Jahr 1510 ein unter einer Herrschaft stehendes territoriales Großgebilde aus den Herzogtümern Kleve, Jülich und Berg sowie der Grafschaften Mark und Ravensberg. Auch wenn die Verfestigung dieses Konglomerates zu einem einheitlichen frühneuzeitlichen Territorium nicht gelang, so zog doch deren Möglichkeit die Blicke der europäischen Großmächte nicht zuletzt auch auf Düsseldorf, wo ein erheblicher Teil der maßgeblichen politischen Entscheidungen gefällt wurde. Dafür steht etwa die 1540 vollzogene Heirat des englischen Königs Heinrichs VIII. mit Anna von Kleve, der Schwester Herzog Wilhelms V. (1539–1592), der ob der Größe des von ihm beherrschten Territoriums den Beinamen „der Reiche“ erhielt.

Tatsächlich sind auch die Herzöge des 16. Jahrhunderts noch gereist. Nichts drückt den Übergang mittelalterlicher Herrschaftspraxis, die an die leibliche Präsenz des Herrschers gebunden war, zu frühmoderner, auf verstetigter Verwaltung beruhender Herrschaft, deutlicher aus als die jülich-klevische Hofordnung des Jahres 1534. Sie bestimmte zwei „bleibende“, in Düsseldorf und in Kleve installierte Behörden; daneben einen „folgenden“ und kleineren Beamtenapparat, der sich stets in der Umgebung des reisenden Herzogs aufhielt. Das

Umherreisen erfolgte immer weniger von einem Gerichtsort zum nächsten, sondern bevorzugte das Lager in immer weniger Orten, die mit repräsentativen Bauten ausgestattet wurden. Als *gewoinliche hofleger* werden in der Hofordnung noch Bensberg, Jülich und Hambach genannt. Für Düsseldorf einträglich war die 1555 erlassene Neuorganisation des Gerichtswesens, die den Instanzenzug im ganzen Land auf das Düsseldorfer Hofgericht konzentrierte.

Für die Stadt bedeutete dies zuerst einmal größere Bauvorhaben, allen voran den Um- und Ausbau des Schlosses. Nachdem die aus dem späten 14. Jahrhundert stammende Burg in den Jahren 1492 und 1510 durch Brände arg in Mitleidenschaft gezogen worden war, sind dort seit den 1520er-Jahren permanent Bauarbeiten unternommen worden, die in den planmäßigen Ausbau eines zeitgenössischen Ansprüchen genügenden Renaissanceschlosses unter der Leitung des Landesbaumeisters Alessandro Pasqualini in der Jahrhundertmitte gemündet haben. Neben dem Schloss und der Kanzlei entstanden auch ein Ball- und ein Pagenhaus, schließlich verkaufte die Stadt ihr an der Rheinmauer hinter der Lambertuskirche gelegenes Rathaus, um an den Marktplatz zu ziehen. In den 1570er-Jahren entstand das heute noch als solches genutzte Rathaus unter der Bauleitung des Duisburger Maurermeisters Heinrich Tußmann. Erst seit der Mitte des 16. Jahrhunderts verlagerte sich das städtische Leben an den Marktplatz und damit in die Neustadt der Stadterweiterung des ausgehenden 14. Jahrhunderts. Daneben dürfte auch die private Bautätigkeit durch die stabile Installation verschiedener Landesbehörden in der Stadt einen gewissen Aufschwung erlebt haben, denn deren Angehörige mussten nicht zuletzt auch in der Stadt untergebracht werden. Die gelehrten herzoglichen Räte pflegten einen Lebensstil, der sich von demjenigen eines Düsseldorfer Schiffers und seiner Familie deutlich abhob.

Doch die gelehrten Verwaltungsbeamten bauten nicht allein Häuser, beschäftigten Dienstboten und gaben auch sonst wenigstens einen Teil ihrer Gehälter in der Stadt wieder aus, sondern setzten zudem Impulse im Bildungswesen. Dies gilt nur mit Einschränkungen für das einfache Schulwesen, das noch in den Händen des Stiftsscholasters lag. Anlässlich der Wahl des Bürgermeisters im Dezember 1535 waren Klagen laut geworden, der amtierende Scholaster sei mit seinem Amt durchaus überfordert und durch einen neuen zu ersetzen. Manche Eltern, die *ein geschickt und geliernt kint* als Erziehungsziel betrachteten, hätten ihre Sprösslinge bereits in auswärtige Schulen gegeben, was aber nur einem Zehntel der Düsseldorfer Eltern finanziell möglich wäre. Überhaupt sei die Konstruktion des Unterrichts durch einen Priester wenig vorteilhaft, da dieser notwendig entweder sein geistliches Amt oder aber – wie der amtierende Scholaster – die Schule vernachlässigen müsse. Von etwa 80 Schülern an dieser Schule wurde etwa einem Viertel das Schulgeld durch das Gasthaus bezahlt.

Ganz unmittelbar waren die Räte in der landesherrlichen Bildungspolitik aktiv geworden. Zum maßgeblichen Kreis der herzoglichen Räte gehörten Persönlichkeiten aus dem Umfeld des vielleicht prominentesten europäischen Gelehrten des 16. Jahrhunderts, Erasmus von Rotterdam. So etwa der 1496 in Mettmann geborene Konrad Heresbach, der sich während seines Studiums in Köln mit Erasmus angefreundet hatte und auf dessen Empfehlung erst eine Professur in Freiburg, 1523 dann, wiederum durch Erasmus vermittelt, das Amt des Prinzenerziehers in Kleve antrat und bis zu seinem Tode 1576 der wohl einflussreichste Berater seines Schützlings Herzog Wilhelm blieb. 1555 wurde das Projekt einer in Duisburg zu errichtenden Landesuniversität in Angriff genommen, die allerdings erst 1655 ihren Lehrbetrieb aufnehmen konnte. Erfolgreicher war die Gründung eines Gymnasiums in Düsseldorf 1545. Zeitgenössischen Berichten zufolge soll die Schule an die 2000 Schüler gehabt haben. Wenn diese Zahl auch deutlich zu hoch gegriffen scheint, hat die Schule doch, wenigstens für einige Jahrzehnte einen ganz außerordentlich guten Ruf in den jülich-klevischen Landen genossen. Der Unterricht fand in lateinischer Sprache statt und umfasste eine Art universitäres Grundstudium. Gegen Ende des Jahrhunderts nahm der Ruf und wohl auch die Qualität der Ausbildung deutlich ab. Aus dem Jahr 1600 stammt die aus der Stadt geäußerte Klage, das Düsseldorfer Gymnasium würde auf ein Studium in Köln nicht mehr hinreichend vorbereiten.

Wenn auch das höfische Leben, insbesondere im ersten Jahrhundertdrittel, vorzugsweise in der Klever Schwanenburg stattfand, so war es doch 1527 immerhin möglich, den sächsischen Kurprinzen Johann Friedrich in Düsseldorf zu empfangen. Der als sächsischer Kurfürst später mit dem Beinamen „der Großmütige“ ausgezeichnete Johann Friedrich war gekommen, um seine Braut Sybille, Tochter des jülich-klevischen Herzogs Johann, nach Sachsen zu führen. Als deren Großmutter, Sybille von Brandenburg, 1481 den jülich-bergischen Herzog Wilhelm IV. ehelichte, hatte man für die Feierlichkeiten noch nach Köln ausweichen müssen. Ein gutes Jahrhundert später, im Juni 1585, war dann auch Düsseldorf so weit vorzeigbar, dass eine spektakuläre Fürstenhochzeit in der Stadt

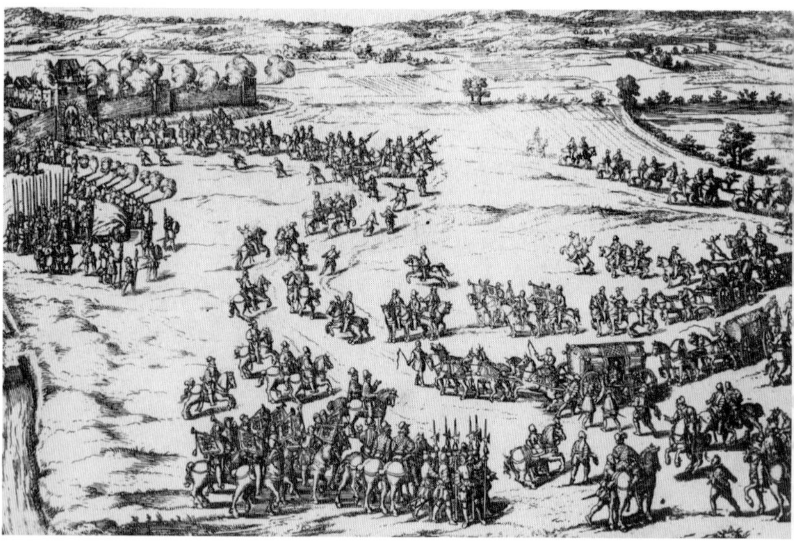

Einzug der Jacobe von Baden in Düsseldorf. Kupferstich von Franz Hogenberg, 1585. – Am linken oberen Bildrand sind noch die älteren Stadtmauern zu sehen; die neue Befestigung war offenbar noch nicht fertiggestellt.

gehalten werden konnte. Nur wenige Schritte vom neuen Schloss entfernt lauerten indes noch immer die Gefahren des dörflichen Lebens, wie die Rechnung des Wundarztes Peter von Viersen über die Behandlung einer auf offener Straße von einem Eber gebissenen Frau nahelegt.

Die städtische Verwaltung

Für die 1540er-Jahre wird die Einwohnerschaft auf über 4000 Menschen geschätzt, die sich damit innerhalb eines Jahrhunderts etwa verdoppelt hätte. Bis in die 1570er-Jahre hat diese Entwicklung vermutlich angehalten, als sie durch Pest und Krieg gestoppt und umgekehrt wurde. Eine Momentaufnahme des städtischen Lebens in der Mitte des 16. Jahrhunderts bietet die Stadtrechnung des Jahres 1541. 1825 war sie mit anderen, als wertlos erachteten Papieren bei Renovierungsarbeiten im Rathaus als Isoliermaterial unter die Dielen verfüllt worden und kam 1942 bei Aufräumarbeiten nach einem Bombenangriff, der 132 Menschen das Leben, 552 die Gesundheit kostete, wieder zu Tage.

Bürgermeister Herman Rompels hatte sparsam gewirtschaftet und einen stattlichen Überschuss erzielt. Diesen durfte er freilich nicht als privaten Gewinn einkassieren, sondern musste ihn binnen eines Vierteljahres mit seinem Nachfolger abrechnen, wie er selbst die Schuld seines Vorgängers entsprechend einzurechnen hatte. Einen Kämmerer gab es ebenso wenig wie eine institutionalisierte Stadtkasse, von einem Haushaltsanschlag oder Etat ganz zu schweigen. Im Laufe des Rechnungs- und Amtsjahres vereinnahmte und verausgabte der Bürgermeister also das im Moment Anfallende durchaus aus der eigenen bzw. in die eigene Tasche. Nach Ablauf des Jahres setzte er sich mit den vier *raitzfreunden* und wohl auch dem Stadtschreiber zusammen, um die Rechnung über das Jahr aufzumachen.

Allein dieses Verfahren bedeutet nicht zuletzt, dass nur Bürger, die im Zweifel mit ihrem persönlichen Vermögen für die Stadt über ein Jahr in Auslage treten konnten, für das Bürgermeisteramt in Frage kamen. Dies waren nicht allzu viele in Düsseldorf, so dass die Namen einer guten Hand voll Familien stets wieder auftauchen. Der Bürgermeister und seine vier „Gesellen“, wie die „Ratsfreunde“ in anderen Quellen genannt werden, erledigten das Tagesgeschäft und haben sich wohl mindestens einmal pro Woche getroffen, um die städtischen Angelegenheiten zu beratschlagen. Neben ihrem Jahresgehalt bezogen sie Präsenzgelder für zahlreiche dieser Treffen, daneben – häufig höher veranschlagt als die Präsenzgelder – regelmäßig Wein als *zerong*.

Bürgermeisterwahl

Besonders feierlich wurde die Bürgermeisterwahl begangen. Das Rechnungs- und Amtsjahr begann am Weihnachtstag; am Stephanstag, dem 26. Dezember, trafen sich Schöffen, Rat und der Ausschuss der Zwölfer, um einen neuen Bürgermeister zu wählen. *Der alder gewoenheyt na*, wie es in der Stadtrechnung heißt, verhandelte man ersteinmal zwei Tage, ohne ein neues Stadtoberhaupt zu wählen, wobei sechs Mark an *zerong* verausgabt wurden. Im Januar traf man sich erneut und verzehrte in großer Runde mit allen Wahlbeteiligten im Wert von 15 Mark. Nach gelungener Wahl waren des Abends dann *des burgermeyster ratsfrunde mit jme zu huiß gegangen*, wo drei Viertel (etwa 18 Liter!) Wein verausgabt wurden. Ebenfalls im Januar tagte das geistliche Gericht, der Send. Unter dem Vorsitz des Stadtpfarrers und Stiftsdechanten trafen sich Bürgermeister, Schöffen, Rat, Stadtschreiber, die beiden Stadtboten und beide Stadtschützen, um über Verstöße gegen kirchliche Gebote und Sittengesetze der Bürgerinnen und Bürger zu urteilen und der Stadtkasse insgesamt fünf Mark an Präsenzgeldern und *zerong* in Rechnung zu stellen. So war innerhalb des ersten Rechnungsmonats bereits deutlich über ein Prozent der gesamten Jahreseinnahmen an *zerong* ausgegeben worden.

Die in der Stadtrechnung verzeichneten Ausgaben an Zehrgeldern ermöglichen es, kurz auf die Belange einzugehen, mit denen sich die Düsseldorfer „Kommunalpolitiker“ des 16. Jahrhunderts befasst haben. Ähnlich wie die Kür des Bürgermeisters ist auch die Rechnungslegung des scheidenden Bürgermeisters in großer Runde besprochen worden. Im Dezember

Fast alles ältere Schriftgut der städtischen Verwaltung war im frühen 19. Jahrhundert veräußert worden. Nach schweren Zerstörungen durch einen Bombenangriff im Jahr 1942 fand sich u. a. die Stadtrechnung für das Jahr 1541 unter geborstenen Dielen des Rathauses.

1541 waren *der sementlige rait mit veill van der gemeinden* dazu erschienen – entsprechend hoch fiel die *zerong* aus. Neben dem zweimal jährlich gehaltenen Sendgericht tagte alle Vierteljahr das Bürgermeistergedinge, das gerichtlich über Grundsteuer und Mieten, Gesinde- und Feldsachen befand.

Mehrfach mussten die städtischen Spitzenämter wegen einer Streitsache der Altstädter Nachbarschaft mit derjenigen des weit außerhalb gelegenen, heutigen Stadtteils Rath tagen, einmal sogar mit dem Ratinger Richter. Nach Ratingen reiste der Bürgermeister mit Begleiter, um ein Geschäft über zweieinhalb tausend Dachziegel abzuschließen. Die städtischen Maße und Gewichte mussten besichtigt und geeicht werden, dann wurde geprüft, ob die Bäcker nicht zu leichte Brötchen buken. Die Stadtspitze kümmerte sich höchstpersönlich darum, dass auf den Straßen keine Misthaufen angelegt wurden und die „heimlichen Gemächer", also die Abtritte, einigermaßen sichtgeschützt hinter den Häusern angelegt wurden.

In einem Zug, der wohl einen umfassenden Gang durch die ganze Stadt mit sich brachte, legten Bürgermeister Rompels und seine vier engsten Mitarbeiter eine Liste der Hausarmen fest. Diese namentlich erfassten verarmten Einwohnerinnen und Einwohner der Stadt waren bei der Ausgabe von Brot durch das Gasthaus bevorzugt und berechtigt, in der Stadt zu betteln, während auswärtige Bettler nach Möglichkeit bereits an den Stadttoren vertrieben wurden. Um solche und ähnliche Dinge grundsätzlich zu fixieren, fand eine gründliche Besprechung *nuwer ordnunck jnnd policien halven* statt; eine städtische Polizeiordnung mit den dort vermutlich bereits beratschlagten Gegenständen ist allerdings erst 1554 publiziert worden.

Eine wichtige Rolle spielen städtische Baumaßnahmen. Um die Straßen auszubessern, wurde für einen ganzen Monat Meister Jan aus Duisburg mit einem Knecht beschäftigt. Auch für die Reparatur der Uhr am Kirchturm von St. Lambertus musste ein auswärtiger Handwerker, in diesem Fall aus Neuss, nach Düsseldorf geholt werden. In beiden Fällen handelt es sich offenbar um Spezialisten, die das einheimische Handwerk nicht aufbieten konnte.

Das größte Bauprojekt war der Neubau einer Windmühle, dem das bereits angesprochene Geschäft mit den Ratinger Ziegeln gewidmet war. Stadtbote Alf wurde anlässlich eines nicht erwähnten, aber wohl schwierigeren Problems auf der Baustelle nach Moers geschickt, um den dortigen Mühlenmeister zu holen – der allerdings auch *nicht fruchtbars hefft handelen kunnen*. Um den Mühlenstein in Neuss zu kaufen – mit 86 Mark netto einer der höchsten Ausgabenposten des Jahres 1541 –, ist der Bürgermeister mit einem Begleiter über den Rhein gefahren. Der schwere Stein musste anschließend von der Fabrikationsstelle durch Neuss an den Rhein transportiert, auf einen geeigneten Kahn geladen, übergesetzt und wieder entladen werden, wofür bereits in Neuss Steuern, Transportlohn und Krangeld anfielen. Das Montieren und Bearbeiten des Mühlsteins besorgte ein Meister aus Kettwig (heute ein Stadtteil von Essen), der zuvor von dem Stadtboten Derich geholt worden war. Teurer noch als der Mühlenstein war allein der Unterhalt des Mühlenpferdes mit über 93 Mark für 40 Malter (etwa 6000 Liter) Hafer – zum Vergleich: für *kost unnd dranck* des Mühlenknechts wurden in diesem Jahr 14 Mark aufgewendet. Der Zimmermeister Coen, der 42 Tage an der Mühle gearbeitet hatte, berechnete als Tageslohn wie auch die beiden Dachdecker für ihre Arbeiten dort etwa eine halbe Mark, etwas weniger, als ein Paar Schuhe kostete.

Festungsbau und Kriege

Seit dem 16. Jahrhundert spielten Arbeiten an militärischen Bauwerken eine gewisse Rolle. Wollte Herzog Wilhelm der Reiche tatsächlich in die Riege europäischer Potentaten aufsteigen, musste er neben Schlössern auch Festungen bauen und wenigstens seine Hauptstädte mit Befestigungsanlagen versehen, die dem Aufgebot reformationszeitlicher Kriegstechnik standhalten konnten. Dies wird seit den 1530er-Jahren vor allem sichtbar, wenn der Herzog Steuern erhob, um die teuren Anlagen finanzieren zu können. 1538 hatten die Landstände ein Festungsbauprogramm beschlossen, 1552 beantragte Wilhelm erneut Festungssteuern, um die Bauarbeiten an den, wie es heißt, bereits angelegten Fundamenten einer Düsseldorfer Zitadelle fortzusetzen. 1554 erging neben einer Bauordnung für die Stadt die Erneuerung der 1538 beschlossenen 12-jährigen Akzise für den Festungsbau. Eine jährliche Festungssteuer wurde 1560 eingeführt. Noch aus den Jahren 1563 und 1567 gibt es Nachrichten, die darauf schließen lassen, dass eine bereits angefangene Zitadelle weitergebaut wurde.

Die summarisch als „Bauernkriege“ zusammengefassten Erhebungen hatten Düsseldorf und die vereinigten Herzogtümer weitestgehend unberührt gelassen. Eine theologische Disputation zwischen dem in der Begleitung des sächsischen Kurprinzen reisenden lutherischen Hofpredigers Friedrich Mecum und dem Kölner Domprediger Johann Heller von Korbach im Februar 1527 auf dem Düsseldorfer Schloss – und somit weitestgehend unter Ausschluss der Öffentlichkeit – zeitigte offenbar keine Wirkung auf die Stimmung in der Stadt.

Dennoch galt Herzog Wilhelm, welcher der akademischen Veranstaltung nicht beigewohnt hatte, in kirchenpolitischen Fragen zunehmend als unsicherer, in reichspolitischen wohl sogar unberechenbarer Kandidat. Die Angelegenheit wurde prekär, als Kaiser Karl V., der sich vom geldrischen Herzog Karl die dortige Erbfolge zur Vervollständigung seiner burgundisch-niederländischen Besitzungen bereits hatte anerkennen lassen, nach dessen Ableben miterleben musste, wie die geldrischen Stände Herzog Wilhelm das Gelderland antrugen. Gleichzeitig beobachtete der Kaiser das Bemühen des französischen Königs Franz I., seine Nichte mit Wilhelm zu verheiraten, sowie eine gewisse Nähe des Herzogs zu den Fürsten des protestantischen Schmalkaldischen Bundes.

Als schließlich 1542/43 ruchbar wurde, dass Wilhelm das Abendmahl unter beiderlei Gestalt genossen hatte und gleichzeitig der Kölner Erzbischof von Wied die Reformation des Erzstiftes unter der Anleitung des Straßburger Reformators Martin Bucer sowie Philipp Melanchthons vorbereite, schritt der Kaiser militärisch ein. Im September 1543 hatte Karl mit seiner Armee rasch Geldern und Teile von Jülich besetzt und zwang Wilhelm zur Unterschrift unter den Vertrag von Venlo, der die kaiserlichen Ansprüche auf Geldern garantierte; Wilhelms Heiratspläne änderten sich zugunsten einer Tochter von Karls Sohn Ferdinand.

In diesen europäischen Zusammenhang gehört die Vorbereitung zweier mächtiger Festungsanlagen in Wilhelms Territorium: der Zitadellen in Jülich und in Düsseldorf. Am Südwestrand der Stadt gelegen galt die nicht von der Stadt, sondern aus landesherrlichen Mitteln finanzierte Düsseldorfer Zitadelle in erster Linie den militärischen Interessen Wilhelms – im Zweifelsfall dem Schutz des Fürsten vor der Stadt. Doch scheint die Angelegenheit in den 1560er-Jahren ins Stocken geraten zu sein. Ein Kupferstich aus dem Jahr 1585 zum Einzug der Braut von Herzog Wilhelms Sohn Johann Wilhelm (1592–1609), Jacobe von Baden, zeigt den wenig fortgeschrittenen Zustand der Anlage. Verschiedene Gründe dafür können namhaft gemacht werden: Nach einem Schlaganfall 1565 ließ die Energie Herzog Wilhelms spürbar nach; 1592 verstarb er. 1577 grassierte die Pest in der Stadt. Schließlich hat der gleichzeitige Bau zweier Zitadellenanlagen die finanziellen Möglichkeiten des Landes überschritten.

Die Fertigstellung der Jülicher Zitadelle konnte aus zwei

Unter Herzog Wilhelm „dem Reichen“ wurde die Stadt Residenz und Landesfestung des niederrheinischen Großstaates Jülich-Kleve-Berg-Mark.

Gründen als vorrangig betrachtet werden: Die Auseinandersetzung mit dem Kaiser hatte deutlich gemacht, dass militärische Konflikte in erster Linie aus dem Westen zu erwarten waren, so dass dort die entsprechenden Verteidigungseinrichtungen zu errichten waren. Zweitens, und vielleicht wichtiger, hatte der Jülicher Stadtbrand des Jahres 1547 nahezu eine Neuerrichtung der Stadt zur Folge, in deren Zusammenhang dann auch der dortige Zitadellenbau gehört.

Sehr bald wuchs die militärische Gefahr aus dem Westen. Als sich 1566/68 die nordniederländischen Provinzen (Generalstaaten) von der spanisch-habsburgischen Zentralregierung in Brüssel lossagten, spätestens mit der Ankunft des spanischen Heerführers und Herzogs Alba, wurde der Niederrhein zum militärischen Durchzugsgebiet. Der Kölner Erzbischof Gebhard Truchseß von Waldburg wollte 1582 die Reformation im Erzstift einführen, um nach seiner Heirat Bischof bleiben zu können und löste damit den sogenannten „Kölner Krieg“ der Jahre 1583–85 aus, der nicht zuletzt von niederländischen Truppen auf protestantisch-truchsessischer und spanischen, daneben bayerischen Truppen auf katholischer Seite geführt wurde. 1583 war Kaiserswerth von bayerischen, 1585 Neuss von truchsessischen Truppen eingenommen, im Folgejahr von vereinigten spanischen und bayerischen Einheiten wiederum erobert worden, während Gerresheim von truchsessischen Soldaten geplündert wurde.

Der Krieg war buchstäblich in Sicht- und Hörweite Düsseldorfs. Dementsprechend groß war die Nervosität. Der Kölner Ratsherr Hermann von Weinsberg vermerkte in seinem Tagebuch, dass im April 1587 der jülich-klevische Jungherzog bei einem Ausritt aus Düsseldorf versehentlich unter Beschuss kurkölnischer Soldaten der Kaiserswerther Besatzung geraten war, was zu einer Schießerei geführt haben soll, bei der *auch etliche unschuldichn in dem hitzs umbbracht* worden seien. Die in der niederländischen Geschichtsschreibung übliche Datierung eines Achtzigjährigen Krieges (1568–1648, anstelle des in Deutschland üblichen Dreißigjährigen Krieges 1618–1648) dürfte der zeitgenössischen Wahrnehmung auch am östlichen Ufer des Niederrheins recht nahe kommen.

Auf der Suche nach einem Erben

Besondere Sorge bereitete die Kinderlosigkeit Johann Wilhelms und seiner Frau, der Markgräfin Jakobe von Baden. Unter den gegebenen kriegerischen Voraussetzungen musste die Aussicht auf eine ungeklärte Erbfolge in dem Territorialkomplex Jülich-Kleve-Berg-Mark tatsächlich ernste Besorgnis erregen. So notierte der Kölner Tagebuchschreiber zu dem Vorfall bei Kaiserswerth: *Und war diss ein gar gefarlicher handel, dan dweil der furst noch kein leibserben mit der markgreifinnen von Baden hatte, wan er also umbkomen were, ein einiger sohn vom stam, was jamers und ungemags sich in den landen Cleif, Gulch etc. sult erhaben und zugetragen haben.* Daneben war – zumindest aus der Entfernung – nicht mehr klar zu erkennen, wer in der Landesregierung des niederrheinischen Großstaats letztlich die Fäden in der Hand hielt. Während der alte Herzog Wilhelm († 1592) krankheitshalber immer weniger Energie aufbrachte, konnte dem Erbfolger Johann Wilhelm, der seit 1589 als „schwachsinnig" galt, entsprechend resolutes Regierungshandeln ebenso wenig nachgesagt werden.

Zudem lagen beide im Streit um die religionspolitisch einzuschlagende Linie: Während der Jungherzog gegenreformatorische Maßnahmen wünschte, blieb der ebenfalls katholisch bekennende Wilhelm auf einer politischen Linie, welche das gewaltsame „Bekehren" protestantisch bekennender Untertanen definitiv ausschloss. Ebenso verhielten sich die leitenden politischen Angestellten – das Rätegremium war gemischtkonfessionell besetzt. Neben den beiden Regenten – der eine alt, der andere „schwachsinnig" – begann die Ehefrau des Jungherzogs, Jakobe Markgräfin von Baden, sich ebenso beherzt wie selbstständig in Regierungsgeschäften zu profilieren und damit offenbar in Konflikt mit den regelmäßig auftauchenden Kommissionen des kaiserlichen Hofes zu geraten. Dies missfiel einer weiteren Partei, den leitenden politischen Beamten des Rätegremiums.

Unter Letzteren finden wir den 1562 in Kaster (etwa auf halbem Wege zwischen Jülich und Köln) geborenen Petrus

Simonius Ritz, der die Vorgänge in seiner Autobiografie festgehalten hat. Nach einer elementaren Ausbildung hatte er für vier Jahre das Düsseldorfer Gymnasium besucht, um anschließend in Köln und Frankreich die Rechte zu studieren. Anschließend arbeitete er in Jülich als Rechtsanwalt und wurde 1593 erst vom Trierer Erzbischof und Kurfürsten als Rat, kurz darauf als Syndikus der jülich-bergischen Ritterschaft in Dienst genommen. Als Diplomat verhandelte er zwischen Brüssel und Amsterdam, wohl vor allem, um die jülichschen Lande und deren Bewohner vor allzu regelmäßigen Durchzügen zu verschonen. Nachdem 1594 ein Verhältnis der Herzogin Jakobe mit ihrem Mundschenken Dietrich von Hall ruchbar wurde, hielt Ritz im Spätsommer 1595 im Speisesaal des Düsseldorfer Schlosses die Anklagerede auf Jakobe wegen Ehebruchs und „zahlreicher wilder Verbrechen“. Sie wurde unmittelbar von allen Regierungsgeschäften entfernt. Noch bevor ein regulärer Prozess ein Urteil sprechen konnte, starb sie in der Nacht vom 2. auf den 3. September 1597 – unter ungeklärten Umständen, vermutlich erdrosselt – in ihrer Kammer auf dem Schlossturm.

Auch eine zweite Ehe Herzog Johann Wilhelms – 1599 geschlossen mit Antonie von Lothringen – blieb kinderlos. Neben dem sächsischen Herrscherhaus erhoben die mit den Schwestern Johann Wilhelms verheirateten Fürsten der Häuser Brandenburg, Pfalz-Neuburg sowie Pfalz-Zweibrücken Ansprüche auf die Erbfolge. Schließlich brachte der Kaiser seinen Anspruch auf die Erbfolge im Sinne des Heimfalls ein, worauf er sich mit den Sachsen sogar einigen konnte, was wiederum Frankreich und die im Krieg mit Spanien befindlichen niederländischen Generaltstaaten alarmierte. Unmittelbar nach dem Tod Johann Wilhelms 1608 proklamierten die beiden lutherischen Häuser Brandenburg und Pfalz-Neuburg die Übernahme der Regierung; unter der Moderation des ebenfalls protestantischen Landgrafen Moritz von Hessen-Kassel einigten sie sich noch 1609 auf die einstweilig gemeinschaftliche Ausübung der Regierungsgewalt und nahmen die Huldigung der jülich-bergischen Stände entgegen.

Brandenburgisch-pfälzische Doppelresidenz

Für eine kurze Zeit wurde das Düsseldorfer Schloss gar Doppelresidenz, da sich die „Possedierenden“ vorübergehend auf eine gemeinsame Verwaltung des jülich-klevischen Erbes geeinigt hatten, was die Residenz einschloss. Die beiden lutherischen Fürsten Johann Sigismund von Brandenburg und Wolfgang Wilhelm von Pfalz-Neuburg hatten überdies vereinbart, das Bekenntnis freizugeben. In Düsseldorf gingen daraufhin sowohl die seit den 1570er-Jahren bestehende reformiert-kalvinistische als auch die seit den 1590er-Jahren existierende, etwas kleinere lutherisch-evangelische Gemeinde dazu über, ihre Gottesdienste öffentlich zu feiern.

Solange Erzherzog Leopold namens des Kaisers Stadt und Festung Jülich besetzt hielt, waren Wolfgang Wilhelm von Pfalz-Neuburg und Johann Sigismunds Stellvertreter in Düsseldorf, Markgraf Ernst von Brandenburg, aufeinander angewiesen, um sich gemeinsam für eine gewisse Zeit die Kaiserlichen vom Leib zu halten. Gleichzeitig strebten beide nach dem ganzen Erbe und waren dementsprechend auf der Suche nach Verbündeten. Pfingsten 1610 konvertierte Markgraf Ernst in der Düsseldorfer Schlosskirche zum reformierten Bekenntnis und demonstrierte damit seine Nähe zu den niederländischen Generalstaaten. Machtpolitischer Bekenntnisarithmetik folgend blieb Wolfgang Wilhelm keine andere Wahl, als sich dem kaiserlich-katholischen Block zu nähern, was er über eine Ehe mit Magdalena von Bayern auch erreichte. Die Schwester Herzog Maximilians von Bayern sowie des Kölner Erzbischofs Ferdinand war indes für den lutherischen Pfalz-Neuburger nur um den Preis einer Konversion zum Katholizismus zu haben, die unter strengster Geheimhaltung kurz vor der Hochzeit in München 1613 erfolgte.

Spätestens mit dem Einzug der eifrigen Katholikin Magdalena und ihrem streng katholischen Gefolge ins Düsseldorfer Schloss müssen die Zustände dort einigermaßen unerträglich geworden sein. Regelmäßig kam es zu Reibereien, vermutlich auch Zusammenstößen zwischen brandenburgischen und pfälzischen Räten, zwischen katholisch, reformiert

Der 1613 zum Katholizismus konvertierte erste pfälzische Herrscher Düsseldorfs, Herzog Wolfgang Wilhelm, siedelte zahlreiche Orden in der Stadt an; im Dreißigjährigen Krieg bewahrte er die Neutralität und baute die Festung aus.

und lutherisch Bekennenden. Die Verhandlungen zwischen den beiden Anwärtern stockten, und in der Stadt brach die Pest aus. Dem von Wolfgang Wilhelm eingesetzten lutherischen Statthalter Wonsheim – gleichzeitig Gatte von Magdalenas Hofmeisterin – misstraute die Herzogin, nicht nur, weil er lutherische Predigten genehmigte, sondern auch, weil er an Fastentagen durch einen lutherischen Koch in der Schlossküche Fleisch zubereiten ließ. Der Statthalter wiederum misstraute dem reformiert bekennenden Bürgermeister der Stadt, nach seinen Worten *ein unsinniger Calvinist und toll brandenburgisch*. Die – bereits schwangere – katholische Fürstin und der lutherische Statthalter kamen schließlich überein, den reformierten Bürgermeister unter Hausarrest zu setzen, da dieser das Vordringen der Pest bis ins Schloss beschleunige; auch das reformierte Gemeindehaus wurde geschlossen und den Reformierten damit die öffentliche Religionsausübung faktisch wieder verboten.

In der gereizten Stimmung verfehlte eine durch das Fenster der Lambertuskirche gefeuerte Kugel die Fürstin nur knapp. Während der öffentlich lutherische Wolfgang Wilhelm auf einer Reise zu seinem Schwager Ferdinand nach Lüttich unterwegs war, versuchten brandenburgische Soldaten, die Residenz im Handstreich zu nehmen. Dies misslang – vermutlich auch dank des Verhaltens der Bürgerschaft. Das gemeinsame Residieren war damit unmöglich geworden, die Brandenburger zogen nach Kleve. Als niederländische Truppen Jülich besetzen, ließ der Pfalzgraf knapp 1400 Soldaten in Düsseldorf die Festung übernehmen. Nach und nach fiel auch – nicht allein dem Hofprediger und lutherischen Stadtpfarrer in Düsseldorf, Justus Weyer – das Ausbleiben Wolfgang Wilhelms beim Abendmahl auf. Am väterlichen Hof in Neuburg an der Donau wurde bereits gemunkelt: *Wär der her Päpstisch worden, die ganze Welt wurde sich bewegen.*

Bekenntniswechsel, öffentlich

In angespannter Situation entschied sich Wolfgang Wilhelm, seine Konversion öffentlich und groß angelegt zu begehen. In ihrer Traukutsche und mit großem Aufzug ließen sich Wolfgang Wilhelm und Magdalena vom Schloss zur Lambertuskirche fahren, wo sie vom Kölner Weihbischof empfangen und auf den Chor geleitet wurden. Nach einem Augenzeugenbericht waren nicht nur Düsseldorferinnen und Düsseldorfer, sondern auch Menschen aus Köln, Neuss, Kaiserswerth und der gesamten näheren und weiteren Umgebung massenhaftes Publikum des öffentlich vollzogenen Bekenntniswechsels. Die Menschen, heißt es, hätten *mit lauter Stimme bitterlich geschruwen vnd geweinet, die Martinisten* [= Lutheraner] *vnd Caluinisten wegen hertzeliche betrubnisse, die papisten wegen des abfalß frolocken, vnd groisser freuwde. Dae hat man auff zwei herpaucken oder Kesselwummen geschlagen, dae haben der Stat Collen Spilleute vnd Musicanten, auf cornetten, zincken vnd besunen, Orgelen gespillet, geblasen vnd musicirt.*

Gleichzeitig predigte der plötzlich seiner Aufgabe beraubte Hofprediger Justus Weyer im lutherischen Predigthaus, der ehemaligen Fleischhalle am Rhein, ebenfalls vor einer großen Menge, die bis auf die Treppen hinaus *zur Standhafftigkeit vermahnet* wurde. Nach der Messe habe die fürstliche Kutsche die Halle passiert, worauf Weyer *auff der halle mit den Auditoribus gesungen: Ich ruiffe zue dir her Jesu Christ etc. ... dae haben sie vberlaut gelaechet*. Nur wenige Tage später wurde mit großem Pomp die Fronleichnamsprozession begangen. Über 50 Musketiere haben den Zug angeführt, dahinter eine Fahne mit dem Schriftzug „Justicia"; insgesamt sind nach dem Bericht des eben erwähnten Augenzeugen weit über 300 Menschen durch die Straßen der Stadt von maximal 5000 Einwohnerinnen und Einwohnern gezogen. Der feierliche Umzug soll eine protestantische Düsseldorferin so beeindruckt haben, dass sie in Ohnmacht fiel und von herbeigeeilten Menschen *vor thoidt Inß hauß getragen* wurde. Sie sei allerdings *wider genesen vnd lebendich geplieben*, bemerkte der Gewährsmann.

Die politische Situation wurde mit Wolfgang Wilhelms öffentlichem Bekenntnis zur katholischen Religionsausübung zwar klarer, aber nicht zwingend einfacher. Die ausgezeichnet informierte Magdalena kennzeichnete die Situation mit den Worten: *in summa ich glaub wann der salomon wider auferstanden er kunde dism handl nitt gescheit genug sein*. Neben Union und Liga, die sich kurz darauf im Dreißigjährigen Krieg gegenüberstanden, waren das Haus Habsburg mit seiner österreichisch-kaiserlichen sowie der spanischen Linie, die niederländischen Generalstaaten, Frankreich und England in verschiedener Weise an dem Zustandekommen einer, stets als vorläufig erachteten, Kompromisslösung beteiligt: Im Vertrag von Xanten einigten sich im November 1614 Brandenburg und Pfalz-Neuburg auf eine Teilung des Territoriums in Jülich-Berg und Kleve-Mark, die in den 100 Jahren gemeinsamer Regentschaft zu keiner vorstaatlichen Verwaltungseinheit gefunden hatten. Die Herzogtümer Jülich und Berg unterstanden fortan mit ihrer Residenz Düsseldorf pfälzischer Herrschaft unter Wolfgang Wilhelm (1614–1653).

Späte Gegenreformation

In Stadt und Land wurde die bereits eingeläutete Politik katholisch konfessioneller Vereinheitlichung der Zustände forciert. Protestantische Christen reformierten und lutherischen Bekenntnisses mussten wieder dazu übergehen, ihre Gottesdienste privat, wo nicht geheim zu feiern. Dass sie in der Regel nicht vollends vertrieben wurden, hängt mit einer – im Reich des „cuius regio, eius religio“ einmaligen – Abmachung im Xantener Vertrag zusammen, derzufolge das (reformierte) brandenburgische Kleve-Mark das Patronat über die Protestanten in Jülich-Berg ausübte, wie umgekehrt dem (katholischen) pfälzischen Jülich-Berg die Schutzherrschaft über die Katholiken in Kleve-Mark zufiel. Sechs reformierte Schöffen und Ratsherren der Stadt – es sollten bis ins 19. Jahrhundert die letzten Protestanten in städtischen Ämtern bleiben – wurden ihrer Ämter enthoben. Das 1615 wieder eröffnete Predigthaus der reformierten Gemeinde in Düsseldorf wurde während der Beerdigung des Pfarrers Poppinghaus 1624 geschlossen, vier Jahre darauf auch die Lateinschule der Gemeinde.

Dass gegenüber der lutherischen Gemeinde etwas mehr Zurückhaltung geübt wurde, mag damit zusammenhängen, dass dort der ehemalige Hofprediger des Pfalzgrafen als Pfarrer amtierte. Nach dem Tod Justus Weyers wurde 1641 auch den Lutheranern der öffentliche Gottesdienst verboten. Die zweite Heirat Wolfgang Wilhelms mit der reformierten Catharina Charlotte von Pfalz-Zweibrücken im Jahr 1631 änderte kaum etwas an dessen konfessioneller Linie.

Düsseldorf war seit dem letzten Drittel des 16. Jahrhunderts faktisch eine trikonfessionelle Stadt mit einem Bevölkerungsanteil von ca. 10% Reformierten und 5% Lutheranern – und sollte dies auch bleiben. Die 1662 ergangene Anweisung von Wolfgang Wilhelms Sohn und Nachfolger Philipp Wilhelm (1653–1690), die im vergangenen Jahrzehnt nach Düsseldorf eingewanderten Protestanten *a bon facon auß Unser Residentz Statt zu pringen*, wurde von den städtischen Stellen nicht oder nur zögerlich ausgeführt. Ein Religionsvergleich zwischen Brandenburg und Pfalz-Neuburg des Jahres 1672 garantierte – diesmal, wie sich zeigen sollte, langfristig – allen drei Konfessionen die öffentliche Religionsausübung. In den 1680er-Jahren errichteten beide protestantische Gemeinden ihre Kirchen – beide nicht unmittelbar zur Straße, sondern versteckt inmitten von Häuserblöcken gebaut; die reformierte Kirche sollte später nach Joachim Neander, von 1674–1679 fünf Jahre Rektor deren Lateinschule, benannt werden. Eine protestantische Minderheit in der Stadt war allenfalls geduldet – aber eben auch nicht verboten. Der Katholizismus war in Düsseldorf gewissermaßen die öffentliche Religion. Dies schließt mit ein, dass Reformierte, wie etwa der Hofmaler Spilberg oder die Leibärzte Hoffstadt und Brunner, prominente und weithin sichtbare Positionen auch am katholischen pfälzischen Hof in Düsseldorf innehatten.

Die Geschichte von jüdischen Düsseldorferinnen und Düsseldorfern macht deutlich, dass von „Toleranz" in diesen Zusammenhängen nicht die Rede sein kann. Seit dem Verbot jüdischen Lebens in der Stadt im 15. Jahrhundert haben erst im 17. Jahrhundert überhaupt wieder Juden in der Stadt gewohnt. Juristisch gesehen war jüdisches Leben in Düsseldorf – wie im Reich überhaupt – schlicht und einfach nicht vorgesehen und daher auf Orte beschränkt, wo namentlich benannte sogenannte „Schutzjuden" und ihre Haushalte gegen erhebliche Gebühren von den Obrigkeiten unter ein Sonderrecht gestellt wurden, das jüdische Existenz erst ermöglichte.

Wenn Fürsten einschlägige Geleitspatente ausstellten, fand dies nicht selten den Widerspruch der Städte. So hat sich der Düsseldorfer Magistrat 1654 gegen die Ausstellung eines Schutzbriefes für Jülich und Berg beschwert; 1671 hat der Pfalzgraf ein Geleitspatent widerrufen. 1677 hat Philipp Wilhelm seinen Schutz von 77 auf 81 Familien gegen einen Tribut von 1000 Reichstalern in beiden Herzogtümern Jülich und Berg erweitert, nur die beiden reichsten Familien durften in der Düsseldorfer Residenz leben. Tatsächlich finden sich 1663 zwei jüdische Familien in der Stadt, nämlich Levi sowie Jacob von Geldern, ein Vorfahr Heinrich Heines. Erst 1706 hatten die jüdischen Düsseldorfer einen Rabbiner; bis dahin gehörten sie zur Kölner Gemeinde. In der ersten Hälfte des 18. Jahr-

Neanderkirche, um 1910. Erst 1916 wurde die kurz nach dem wenig freundlichen Abschied des Rektors der Lateinschule der reformierten Gemeinde, Joachim Neander, 1684 errichtete Kirche nach dem bekannten Liederdichter benannt.

Hubertushospital, um 1920. – Nach einem Ringtausch von Gebäuden zwischen Hospital und Garnison wurde das seit 1709 in der Extension bei den Kasernen gelegene Hubertushospital 1772 in das hier abgebildete ehemalige Haus von Gelderns in der Neustadt verlegt.

hunderts werden 16, gegen Ende des Jahrhunderts zweitweilig bis zu 26 jüdische Familien in der Stadt erwähnt, unter denen sich neben Kaufleuten dann auch Ärzte befanden.

Das katholische Düsseldorf nahm erst im Laufe des 17. Jahrhunderts seine eigentliche Form an. Insbesondere an Ordensniederlassungen hatte es – mit Ausnahme des kleinen mittelalterlichen Kreuzbrüderkonvents – bis zur gezielten Politik der Ordensansiedlungen durch Wolfgang Wilhelm und seine beiden Nachfolger völlig gefehlt. Den Anfang machten 1617 die Kapuziner, die nach ihrer Ankunft in der Stadt für kurze Zeit im Privathaus des inzwischen wie sein Herr zum Katholizismus konvertierten Statthalters von Wonsheim untergebracht waren. Als 1621 der Grundstein zur Kapuzinerkirche an der Flingerstraße gelegt wurde, waren auch die Jesuiten bereits in der Stadt. Im November 1620 hatten sie das im

16. Jahrhundert begründete Gymnasium mit fünf Klassen übernommen, nach dem päpstlichen Verbot des Jesuitenordens 1773 wurde das Gymnasium ganz in den ansehnlichen Klosterkomplex verlegt.

Den Brüdern der Gesellschaft Jesu galt die besondere Fürsorge der Pfalz-Neuburger. Deren Kirche, die Andreaskirche, wurde der Neuburger Hofkirche weitgehend nachempfunden; Wolfgang Wilhelm hat seine Grablege dort bestimmt. Jesuitenpatres predigten und katechisierten auch in der Lambertus- und der Kreuzherrenkirche, sie gaben an, in den 1620er-Jahren jährlich etwa 20 Konversionen zum Katholizismus bewirkt zu haben. Besonderes belebten sie das Bruderschaftswesen: Bereits im Jahr ihrer Ankunft 1619 war die Sodalität für Herren und Gelehrte, mit der Übernahme des Gymnasiums im Folgejahr eine Marianische Bruderschaft für die Gymnasiasten errichtet worden; etwas später folgten Bruderschaften für Bürger, die Ursula-Gesellschaft für Frauen und Mädchen, zuletzt 1636 eine Junggesellen-Sodalität.

Mit den Coelestinerinnen-Annunciaten und den Karmelitessen kamen 1639 und 1641 die ersten Frauenorden in die Stadt; bereits ein Jahrzehnt später konnten die Cellitinnen für eine Niederlassung der Wartschwestern in der Stadt gewonnen werden. Deren ambulante Krankenpflege wurde wesentlicher Bestandteil städtischer Fürsorgeeinrichtungen für die folgenden zwei Jahrhunderte. Während der Pest 1669 konnte der Magistrat eine Verfügung nicht durchsetzen, der zufolge Häuser mit Pestleichen für sechs Wochen verschlossen bleiben sollten, weil dies auch die dort pflegenden Cellitinnen betroffen hätte.

Barocke Stadterweiterungen

Zwei weitere im Laufe des 17. Jahrhunderts angesiedelte Orden – Franziskaner und Ursulinen – waren im seinerzeit baulich erschlossenen Terrain der Stadt bereits nicht mehr unterzubringen. So wurden die Franziskaner auf der noch unbebauten Zitadelle unmittelbar südlich der Stadt angesiedelt und die Ursulinen im „Neuen Werk“ – einer schmalen Stadterweiterung im Norden, etwa entlang der heutigen Ritterstraße –, wo sie eine Mädchenschule begründeten.

Seit der Jahrhundertmitte kam es allerdings zu Spannungen: Während die Ursulinen und die Jesuiten über die Schulgelder, die Cellitinnen durch Pflegegelder zu zusätzlichen Einnahmen gelangten, die deren Unterhalt garantieren halfen, standen die übrigen Orden in Konkurrenz um Almosen aus der Bürgerschaft. Da geistlicher Besitz vom Magistrat nicht besteuert werden durfte, sah dieser immer skeptischer, wie um die Klöster und Kirchen durch Ankauf weiterer Grundstücke zum Teil ansehnliche Klosterbezirke entstanden. 1661 klagte der Magistrat, dass bereits über 50 Häuser auf diese Weise nicht mehr zu den „bürgerlichen Lasten“ beitragen würden. Die Pfalzgrafen Philipp Wilhelm (1653–1679) und Johann Wilhelm (1679–1716) gingen dann dazu über, den Magistrat mit neu zu erschließenden Baugrundstücken im Neuen Werk und auf der Zitadelle zu entschädigen.

Allein die Verleihung von Bauland an den Magistrat konnte die tatsächliche Bebauung desselben allerdings nicht sicherstellen. Denn die Stadt trat ja nicht selber als Bauherr in Aktion, sondern bekam die Plätze, um die dort zu errichtenden Häuser im Austausch gegen das in geistlichen Besitz übergegangene Grundeigentum besteuern zu können. Doch vorerst fanden sich keine Bauherren. Pfalzgraf Philipp Wilhelm begann dann 1673 eine regelrechte Ansiedlungspolitik. In einem Erlass versprach er Neuansiedlern „sichere Freiheiten“. Diese Politik wurde unter Johann Wilhelm verstärkt betrieben. Offenbar von wirtschaftlichen Gesichtspunkten geleitet, wandte er sich in einem Freiheitspatent für die Neuansiedler in Düsseldorf 1684 an in- und ausländische Kaufleute und Gewerbetreibende und versprach umfangreiche Steuerfreiheiten: Die Bauherren sollten die Häuser in vier Jahren errichten und darauf noch einmal 26 Jahre von den genannten Lasten befreit sein. Diese Befreiungen kosteten den Fürsten recht wenig, führten das Tauschgeschäft mit dem Magistrat – die Umwandlung von bürgerlichen in geistlichen Grundbesitz gegen steuerbare Bauplätze – allerdings ad absurdum.

Hackbretter und Wachtelhunde

Die Stadterweiterungen, die Kurfürst Johann Wilhelm ins Auge gefasst hatte, hätten aus dem Dorf tatsächlich eine Stadt an der Düssel gemacht und sind in ihrem Umfang allein mit der mittelalterlichen Erweiterung des späten 14. Jahrhunderts vergleichbar. Im Unterschied zu jenen sind sie allerdings nie verwirklicht worden. Dem in Düsseldorf geborenen Johann Wilhelm ist 1679 die Regierung in Jülich-Berg übertragen worden, als sein Vater Philipp Wilhelm sich auf die Regentschaft in den neuburgischen Stammlanden des Hauses beschränkte. Auch als der Pfalz-Neuburger das Erbe der kurpfälzischen Linie antrat, behielt er seine Residenz in Düsseldorf, die für die Zeitspanne bis zu seinem Tod 1716 einen veritablen Kurfürsten mit seinem Hof beherbergte.

Düsseldorfer Barock

Sieht man die Geschichte der Stadt in derjenigen ihrer Herren gespiegelt, ist die Epoche „Jan Wellems“ in der Tat die prächtigste Epoche, von der eine kleine Düsseldorfer Stadtgeschichte zu berichten hätte. Umfangreiche Renovierungen am Schloss und am Ballhaus, der Bau eines neuen Marstalles, eines Tummelhauses, der Orangerie auf der Zitadelle, eines Hofbräuhauses ebenso wie einer Oper und der kurfürstlichen Galerie sind nur ein Teil der langen Liste von baulichen Maßnahmen, der Stadt womöglich das Gepräge einer europäischen Metropole zu geben. Für den engeren Bereich des Schlosses mag dies gelungen sein – insbesondere für Malerei gab der Kurfürst stattliche Summen aus, indem er vorzugsweise niederländische Gemälde von Rubens, Bruegel, van Werff u. a. ankaufen ließ und damit den Grundstock der im 18. Jahrhundert so berühmten Galerie legte. Nicht minder anspruchsvoll war seine zweite Gattin Anna Maria Luisa Medici, die indes ihren Bruder anlässlich eines Besuches 1697 warnen musste, nicht allzu viel Begleitung mitzubringen, da diese nicht mehr standesgemäß beherbergt werden könne. Außerhalb des Schlosses scheint sich die Fürstin nicht recht wohl gefühlt zu haben in der Stadt. Über die adligen Feste – denen sie üblicherweise ferngeblieben zu sein scheint – schrieb sie einmal: *... es sind wenige adlige Häuser, und die Räume sind so klein, dass man wie auf einem Hackbrett tanzt.*

Der im Volksmund „Jan Wellem“ genannte Kurfürst Johann Wilhelm II. plante einen gigantischen Schlossbau, der die Stadtfläche insgesamt auf das Vierfache erweitert hätte.

Wenigstens die Bebauung des Neuen Werks und der Zitadelle mit Bürgerhäusern gelang in den Jahren um 1700. Während die Steuerbefreiung für Bauherren kaum Auswärtige anzog, hatte der Magistrat 1700 zu beklagen, dass die Einführung einer neuen Verbrauchssteuer Handwerker und Kaufleute bereits wieder ins „Ausland“ vertreibe – genannt werden Neuss, Duisburg und Uerdingen. Auch die 1699 eingeführte Straßenbeleuchtung durch Laternen hielt der Magistrat entschieden für zu kostspielig. Angesichts des Umstandes, dass etwa 400 bis 500 Familien in der Stadt mit rund 8500 Einwohnerinnen und Einwohnern um 1700 unmittelbar vom Hof und der kurfürstlichen Hofhaltung lebten, dass nun vermehrt Angestellte von Hof und Regierung Posten im Stadtrat erlangten sowie der spürbar rigideren Beschneidung magistratischer Rechte ist zudem davon auszugehen, dass derselbe nur noch in wirklich drängenden Fällen überhaupt ein eher untertänig klagendes denn mahnendes Wort an den kurfürstlichen Stadtherren richtete.

Alle Versuche der älteren Heimatkunde, ihrem Lieblingskind, dem landläufig „Jan Wellem" genannten Kurfürsten, irgendeine Form von freundschaftlicher Verbundenheit mit der Stadtbevölkerung zu unterstellen, müssen als völlig ahistorisch bezeichnet werden. Wenn der Erbtruchsess des Reiches einen Maskenball feierte, dann gewiss unter Ausschluss der Bürgerschaft und ganz bestimmt nicht in der Form des Karnevals, wie er sich erst seit der Mitte des 19. Jahrhunderts etablierte. Außerhalb des Schlosses pflegte der Kurfürst seine Wege auch innerhalb der Stadt in der Kutsche zu bewältigen, umgeben von gut zwei Dutzend Mann bewaffneter Leibwache, Pagen und Kammerherren. Einem hohen niederländischen diplomatischen Vertreter fiel 1705 auf, dass Johann Wilhelm selbst seine zum Teil hochadligen Kammerherren bei solchen Gelegenheiten *dergestalt erniedriget, daß sie wie Lakaien, oder besser wie Wachtelhunde, vor seinem Wagen her und durch die Stadt traben müssen, wo man bis über die Knöchel im Koth gehet* – was übrigens auch kein allzu günstiges Licht auf den Zustand der frisch gepflasterten Straßen und die Wirksamkeit einschlägiger Verordnungen zur Straßenreinigung wirft.

Was blieb und bleibt, ist vor allem das Reiterstandbild des Kurfürsten, das das Ensemble des Marktplatzes in seiner heute noch erkennbaren Gestalt komplettierte. Der mit der Anfertigung des Kunstwerks betraute Gabriel Grupello aus Antwerpen, der unter anderem in Paris und Versailles ausgebildet worden war, ist 1695 einer der ersten und einer der bestbezahlten Hofkünstler gewesen, den sich der kurfürstliche Hof geleistet hat. In dem vermutlich 1714 schließlich errichteten Denkmal und der Legende vom Künstler- und Bürgerfreund „Jan Wellem" ist das dürftige historische Bewusstsein der Stadt, wie es sich gegen Ende des 19. Jahrhunderts ausgebildet hat, nahezu vollständig aufgehoben. Als im Dezember 1945 das Standbild aus seiner Evakuierung während des Weltkriegs an den angestammten Platz auf dem Markt vor dem Rathaus zurückkehrte, ist dies von der Stadtspitze zum Anlass genommen worden, Tausenden die Straße säumenden Menschen ein erstes Nachkriegs-Volksfest zu bieten, das *der einst so fröhlichen Stadt Düsseldorf auch in dieser ernsten Zeit angemessen* wäre.

Abschied vom Barock

Absolutismus ohne Fürsten

Johann Wilhelms Nachfolger als Kurfürst von der Pfalz – und damit auch Fürst der Herzogtümer Jülich-Berg –, Karl Philipp (1716–1742), verlegte 1720 seine Residenz vom Heidelberger Schloss nach Mannheim, wo er ein neues Residenzschloss errichten ließ. Trotzdem knüpfte er an die Stadterweiterungspläne seines Vorgängers für Düsseldorf an, wenn auch in ganz erheblich verringertem Rahmen. Die im Süden liegende „Neustadt" im Bereich der heutigen Neusser Straße wurde nie in den Festungsgürtel einbezogen und lag fortan wie ein seltsames kleines Dorf aus Stadthäusern unmittelbar vor dem südlichen Stadttor. Nur im Südosten der Stadt entstanden neue Festungsanlagen, deren Terrain zur Stadt hin von den älteren Festungsanlagen getrennt wurde. Diese „Innere Extension" war nur über zwei Brücken mit der Stadt verbunden und sollte lediglich mit einer Kaserne und dem Hospital bebaut sein.

Erst Karl Theodor (1742–1799) veranlasste den Abriss der inneren Werke, um in den 1780er-Jahren dort einen neuen Stadtteil, die Karlstadt, entstehen zu lassen. Im Unterschied zu seinem Vorgänger hat er Düsseldorf immerhin dreimal besucht. Unter seiner Herrschaft wurde das 15 Kilometer südlich der Stadt und damit fernab gelegene Schloss Benrath unter der Leitung von Nicolas de Pigage errichtet sowie Schloss Jägerhof renoviert, das unmittelbar östlich der Stadt bei den Gärten und Sommersitzen der wohlhabenden Familien der Stadt lag. Noch kurz vor Beginn des Siebenjährigen Krieges fand auch Karl Theodor die Stadt *allzu klein und enge* und schlug wiederum Erweiterungspläne vor, die allerdings erst in den 1760er-Jahren, nach dem Krieg, wieder aufgegriffen wurden und letztlich zur Errichtung der Karlstadt und damit eines komplett neuen Stadtteils führten. Dies alles zeigt indes nicht mehr an, als dass die wittelsbachischen Kurfürsten von der Pfalz die Stadt zwar nicht völlig vergessen, aber weitestgehend aus den Augen verloren hatten.

In den letzten Jahren wurden einer recht pessimistischen Deutung des 18. Jahrhunderts im Rahmen der engeren Düsseldorfer Stadtgeschichte wieder etwas hellere Momente hinzugefügt, die das etwas zu grau geratene Klischee von der verlassenen Residenz deutlich aufhellen. Düsseldorf blieb nicht allein Sitz der jülich-bergischen Regierung und landständische Hauptstadt des Herzogtums Berg, sondern auch einwohnerstärkste Stadt der vereinigten Herzogtümer Jülich und Berg. Während sich im linksrheinischen Jülich kein namhaftes Städtewesen ausbildete, entwickelte sich im Bergischen eine gewerblich-frühindustrielle Städtelandschaft, die zu den dynamischsten Regionen des alten Reiches gezählt werden muss. In den gewerbereichen Zonen – noch vor Stadt und Amt Düsseldorf vor allem Elberfeld, Barmen, Solingen und Remscheid – wurde eine Bevölkerungsdichte von 153 Einwohnern pro Quadratkilometer erreicht.

Bevölkerungswachstum

Das 18. Jahrhundert ist in Düsseldorf ein Jahrhundert stetigen und gegen Ende sogar beschleunigten Bevölkerungswachstums gewesen. Rund 8500 Einwohnerinnen und Einwohnern des Jahres 1703 stehen 1745 bereits knapp über 10 000 gegenüber. In den 1770er-Jahren waren es etwa 12 000, seit den 1790er-Jahren schließlich etwa 20 000 Menschen, die in Düsseldorf lebten. Gleichzeitig ist mit dem Jahr 1716 ein rapider Sturz der Taufziffern zu verzeichnen. Noch in den 1770er-Jahren haben im Innenstadtbereich mehr Beerdigungen als Taufen stattgefunden, während in der Außenbürgerschaft wieder ein Geburtengewinn erzielt wurde. Die Bevölkerungszunahme des 18. Jahrhunderts ist mithin auf Zuwanderung zurückzuführen. Seit den 1780er-Jahren versuchte die Obrigkeit, diese Entwicklung durch Zuwanderungsbeschränkungen und Heiratsverbote zu hemmen. Befunde für einzelne Stadtteile ergeben, dass die Zuwandernden vor allem Tagelöhner, Handwerksgesellen und Dienstbotinnen waren.

Der Zuzug von Dienstpersonal spricht zuerst einmal dafür, dass gut situierte Haushalte als Arbeitgeber und Nachfrager in der Stadt waren. Auf wohlhabende Haushalte lässt daneben auch die Erschließung und zügige Bebauung der Karlstadt seit 1787 schließen. Diese Haushalte beabsichtigten ganz offenbar, dauerhaft zu bleiben, wenn sie Grundstücks- und Hausbesitz in der Stadt anstrebten und das zur standesgemäßen Haushaltung notwendige Personal nachfragten. Nicht von ungefähr war mit der Anlage der Karlstadt der stärkste Bevölkerungszuwachs der zweiten Jahrhunderthälfte verbunden.

Noch weitere Menschen lebten in der Stadt: Geistliche und Soldaten. Neben der jüdische Gemeinde und denjenigen der drei christlichen Konfessionen befanden sich nach Aufhebung des Jesuitenordens 1773 noch drei Männer- und drei Frauenklöster mit über 200 Ordensleuten in Düsseldorf. Die damals 30 Jesuiten lebten allerdings unter dem Titel einer Kongregation von Weltgeistlichen ihr reguläres Ordensleben weiter. Sie betreuten die Andreaskirche letztlich weiter wie eine Ordenskirche und wirkten als Lehrer für Philosophie, Rhetorik und Grammatik des Gymnasiums. Schließlich sind noch die Regularkanoniker des Marienstifts zu erwähnen. Düsseldorf war somit noch am Ende des 18. Jahrhunderts auch eine Stadt der geistlichen Welt- und Ordensleute. Allein die Anzahl der ortsanwesenden Soldaten machte Düsseldorf darüber hinaus zu einer ausgesprochenen Garnisonsstadt. In der zweiten Jahrhunderthälfte lagen beständig bis zu 6000 Soldaten in der Stadt. In den kriegerischen Zeiten der 1790er-Jahre waren es erheblich mehr.

Städtische Politik und Verwaltung

Bereits seit dem 17. Jahrhundert hatte die Einwohner- bzw. Bürgerschaft der Residenzstadt keinen ernstzunehmenden Anteil mehr an der städtischen Verwaltung und Politik. Das siebenköpfige Schöffenkollegium sowie jeweils acht Alt- und Jungräte stellten die entscheidenden Instanzen städtischer Politik dar, die erst seit dem frühen 18. Jahrhundert regelmäßig summarisch als Magistrat bezeichnet wurden. Die schlanke Verwaltung mit 26 im Jahre 1713 beschäftigten einfachen Mitarbeitern vergrößerte sich im Laufe des Jahrhunderts auf 32; die Leitung der Verwaltung oblag dem auf Lebenszeit bestellten Syndikus und einem Sekretär.

Während die Ratsmitgliedschaft als Ehrenamt betrachtet wurde und eine Aufwandsentschädigung von etwa 10 Reichstalern pro Jahr mit sich brachte, bezogen der Syndikus immerhin 200 und der Bürgermeister 300 Reichstaler jährlich. Wenn auch diverse Nebenämter und Vergünstigungen weitere Einkünfte bescherten, war ein auskömmliches Einkommen als „Kommunalpolitiker" nicht zu erzielen. Berufstätigkeit – nicht selten als Advokat – oder Vermögen waren und blieben Vor-

Marktplatz mit Grupellohaus. Aquarellierte Federzeichnung von Thomas Rowlandson, 1791. – Obwohl der Magistrat 1787 um die Überlassung der frei gewordenen alten Kanzlei am Marktplatz gebeten hatte, verpachtete die Landesregierung die Räumlichkeiten an einen Gastwirt.

aussetzung für eine aktive Teilnahme an der städtischen Politik. Tatsächlich bekleidete eine überschaubare Gruppe von in der Regel Düsseldorfer Familien über Jahrhunderte die Magistratsämter. Ohne dass von einem städtischen Patriziat im engeren Sinne gesprochen werden kann, bildeten sich doch Heiratskreise heraus, in welche einzutreten auswärtigen Aspiranten den Weg in die städtischen Ämter ebnete.

Während bürgerschaftliche Opposition gegen die Politik des Magistrats im 18. Jahrhundert zwar dort stets gefürchtet wurde, blieb es in dieser Hinsicht außerordentlich ruhig in Düsseldorf. Hauptsächlicher Widerpart der städtischen war die landesherrliche Politik. Die Stelle des 1716 landesherrlich bestellten Stadtdirektors, der aus städtischen Mitteln mit 600 Reichstalern zur Beaufsichtigung des städtischen Polizeiwesens besoldet wurde, hob der Landesherr nach mehrfachen Protesten des Magistrats wieder auf. 1780 erneuerten die Münchener Stellen den Versuch einer schärferen Aufsicht über den Düsseldorfer Magistrat und ernannten Karl von Neorberg zum Generalpolizeikommissar, dem 1786 der Vorjahresbürgermeister und Schöffe Joseph Nicolaus Schawberg im Amt folgte. Als *Oberaufsichter und General-Inquisitor über Land und Leuthe* handelten sich die Amtsinhaber nicht allein mit dem Magistrat, sondern auch mit der Bürgerschaft ernsthafte Konflikte ein. Die Proteste blieben indes erfolglos; seit 1780 stand das städtische Polizeiwesen faktisch unter landesherrlicher Aufsicht.

Auch die landesherrliche Aufsicht fand in erster Instanz durch weiterhin in der Stadt ansässige Behörden statt. Die in Düsseldorf sitzende Landesregierung für die Territorien Jülich und Berg war vollständig ausgebildet und bestand aus Geheimem Rat, Hofkammer sowie Hofrat. Während der Hofstaat also in Mannheim und schließlich München beim Fürsten residierte, blieb die politische und Staatsverwaltung und erledigte ihre Geschäfte vergleichsweise unberührt von höfischen Intrigen. Die leitenden Beamten waren im Unterschied zu den städtischen Spitzenbeamten auskömmlich besoldet. Darüber hinaus zählten auch die in der Stadt befindlichen Gefängnisse und Gerichte zu den zentralen Einrichtungen des

Herzogtums Berg. Zu den landesherrlichen Behörden kamen die Institutionen der jülich-bergischen Stände; die Archive der jülich-bergischen Ritterschaft beließen die Landstände jedoch sicherheitshalber in der kurpfälzischem Zugriff verschlossenen Reichsstadt Köln. Die jülich-bergischen Landtage des 18. Jahrhunderts pflegten auf dem Düsseldorfer Rathaus gehalten zu werden.

Weiterhin befanden sich Kanzlei und Archiv des niederrheinisch-westfälischen Kreises in der Stadt – eine ansehnliche Zahl diplomatischer Residenten hat sich allerdings nicht niedergelassen. Obwohl somit auch ohne eine fürstliche Hofhaltung zahlreiche zentrale Einrichtungen in der Stadt waren und blieben, bemühte sich der Magistrat wenigstens um regelmäßige Besuche des Fürsten. Für einen kurzen Besuch Karl Theodors 1746 verausgabte der Magistrat über 11 000 Reichstaler, was die regelmäßigen Jahreseinnahmen der Stadt vermutlich recht deutlich überstieg.

Raumnöte

1787 bat der Magistrat darum, ihm das unmittelbar neben dem Rathaus gelegene und kurz zuvor freigewordene Gebäude der ehemaligen Kanzlei anzuweisen. Dabei verwies er nicht zuletzt auf die verschiedenen Devotionsbezeigungen der vergangenen Jahre einschließlich der *dem bürgerlichen Aerario viele Tausenden gekostet habende bei Höchstdero ersten Eintritt 1746 veranstaltete Illumination*. Das derzeitige Rathaus umfasse sechs Zimmer, von denen lediglich eines den wöchentlichen Ratsversammlungen und weiteren städtischen Versammlungen diene, während die übrigen von den Landständen in Beschlag genommen seien. In diesem einen Zimmer fänden außerdem die Verhandlungen des – von landesherrlichen Beamten betriebenen – Haupt- und Criminal-Gerichts statt. Das Archiv im Keller sei restlos aufgefüllt, *daß sich ferner gar nichts hinein bringen ließe,* und die beiden Speicher dienten zum einen als Tuchhalle, zum zweiten als Brandholzlager für den Bedarf der fünf landständischen Zimmer. In den zusätzlichen Räumlichkeiten hofften die Stadträte, geräumigeren Platz für ihre Versammlungen, *ein raumiges Archiv- und Registratur*, weiterhin auf dem Hofplatz ein angemesseneres Lager für das Brandholz, die Utensilien der städtischen Brandwehr sowie eine Wohnung für den Stadtsekretär zu finden. Überdies könne *darinnen auch noch ein unbefleckendes Civil-Gefängniß, über weßen Abgang bis anhero so vielfältig geklaget worden, sich anbringen lassen*. Die Hofkammer entschied jedoch, die ehemalige Kanzlei für 450 Reichstaler jährlich einem Wirt zu verpachten.

Aufgeklärtes Düsseldorf

Auch ohne universitäre Bildungseinrichtungen, wie sie in der Umgebung in Köln, Duisburg und seit 1786 in Bonn bestanden, konnte Düsseldorf schließlich hinsichtlich des Bildungswesens eine zentrale Funktion für das bergische Herzogtum – wenn auch durchaus nicht darüber hinaus! – beanspruchen. Die Elementarschulen der Stadt scheinen ihre wichtigste Aufgabe einigermaßen erfüllt zu haben. Der Alphabetisierungsgrad der Düsseldorfer Innenstadtbevölkerung lag mit durchschnittlich knapp 85% bei Männern sowie 60% bei Frauen (gemessen 1810–13) etwa im Rahmen der für andere Städte ermittelten Werte; selbst unter den männlichen Tagelöhnern und Ackerleuten waren noch 60% in der Lage, ihre Heiratsurkunden eigenhändig zu unterschreiben.

Noch vor den von Jesuiten und Franziskanern angebotenen theologischen Studien verdienen die der Gemäldegalerie angegliederte Kunstakademie sowie die Rechtsakademie besondere Beachtung. Die Galerie muss als das unerreichte Prunkstück Düsseldorfer Sehenswürdigkeiten des 18. Jahrhunderts gelten. Sie wurde bereits zeitgenössisch mit Wien, Dresden und Sanssouci zu den berühmtesten des Reiches gezählt und lockte zahlreiche Besucher des gebildeten Europa. Reiseberichten über Düsseldorf auch nur Kleinigkeiten über das öffentliche Leben der Stadt, deren Wirtshäuser oder ähnliches zu entnehmen, scheitert in der Regel daran, dass die Autoren in Düsseldorf außer der Galerie schier gar nichts Bemerkenswertes fanden.

Anlässlich der Abtrennung der jülich-bergischen Territorien aus dem Wittelsbacher Herrschaftsgebiet 1806 ist der wesentliche Teil der Gemälde nach München verbracht worden, wo er bis heute den Grundstock der Alten Pinakothek bildet. 1767 war im Anschluss an die von Johann Wilhelm II. begründete Gemäldegalerie (einschließlich Münz- und Antikensammlung) eine Maler- und Zeichenschule, Vorgänger der Kunstakademie, gegründet worden.

Im Erdgeschoss des Galeriegebäudes eröffnete 1770 die erste öffentliche Bibliothek. Die Grundausstattung bildeten der Bestand einer Bibliothek der jülich-bergischen Landesregierung sowie aus Mannheim gespendeter Dubletten. Die zügige Erweiterung des Bestands gelang mit der Verpflichtung der Mitglieder, neben einer Beitrittsgebühr auch ein Buch an die Bibliothek abzugeben. Dafür konnte aus den Beständen je ein Band für eine Woche ausgeliehen werden. Ziel war eine Gelehrtenbibliothek; die Bibliotheksordnung vermerkt daher ausdrücklich: *Romainen werden durchaus nicht angenommen.*

Mit vier Professuren war die Rechtsakademie ansehnlich ausgestattet, das Promotionsrecht erlangte sie allerdings nicht. Ihre Aufgabe war die Ausbildung der höheren landesherrlichen Beamten. 1779 bestimmte Kurfürst Karl Theodor, dass die angehenden Beamten seiner niederrheinischen Besitzungen mindestens zwei Jahre an der Düsseldorfer Rechtsakademie studiert haben sollten.

Äußerungen Friedrich Heinrich Jacobis, Düsseldorf sei *für den Mann von Geist ... ein wahres Exilium*, lassen eine weitere Verbreitung philosophisch-literarischer Interessen selbst in höheren Kreisen ebenso skeptisch beurteilen wie die Formulierung des Arztes Varnhagen, der *hiesiges Land als eine ohnaufgeklärte oder in seiner alten finsternis noch vergrabene landschaft* bezeichnete. Die Düsseldorfer Freimaurerei spaltete sich in eine adlige und eine bürgerliche Loge, was für die rheinischen Maurer einzigartig ist und kaum für eine tiefergehende Identifikation mit deren Idealen spricht. Ganz ähnlich urteilte auch der Mannheimer Physiker und Meteorologe Johann Jacob Hemmer 1783, *das man ... in dem herzogtume Berg noch am wenigsten aufgekläret sei.*

Nach einem Blitzeinschlag brannte das Düsseldorfer Schloss 1872 weitgehend ab und wurde nicht wieder aufgebaut. Lediglich der Schlossturm blieb dem Stadtbild erhalten. – Gemälde von August von Wille, 1872.

Eine Frage des Vertrauens

Hemmer hatte im Auftrag seines Kurfürsten die wittelsbachischen Lande bereist und an fürstlichen Gebäuden – in Düsseldorf mithin vor allem am Schloss – die von ihm neuerdings entwickelten Blitzableiter montieren lassen. 1783 war es dann im Mai und erneut im Juni zu schweren Gewittern über der Stadt gekommen. Der Stadtmagistrat verfasste ein Schreiben an den Kurfürsten, in dem die Befürchtung mitgeteilt wird, dass die neuartigen Wetterleiter die Gewitterwolken regelrecht angezogen und zu deren ganz ungewöhnlich langen Verweilen über der Stadt geführt hätten. Der Magistrat bat daher um das Abnehmen der Installationen. Hemmer war daraufhin angewiesen worden, die Stimmung mittels einer Belehrung zu beruhigen. Tatsächlich aber ging er mit keinem Wort auf die recht ausführlich geschilderten Wetterbeobachtungen der Düsseldorfer ein, sondern empfahl ihnen wenig aufklärerisch: *Indessen traue si auf di weisheit und güte ihres fürsten, der ir gewis keine wetterleiter hätte hin sezen lassen, wenn einige gefar damit ferbunden wäre*. Sachliche Argumente gegen die in Düsseldorf geäußerte Befürchtung äußerte Hemmer nicht.

Nicht zuletzt die seit den 1780er-Jahren äußerst repressive Zensurpolitik Karl Theodors sorgte allerdings für anhaltende „finsternis". Zahlreiche Zensurerlasse und Verbote geheimer Gesellschaften kennzeichnen die Regierungstätigkeit dieser Jahre. Die Aufforderung, durch Spitzel „verdächtige Fremde" in Wirtshäusern ausfindig machen zu lassen, hatte im Januar 1794 zur Verhaftung eines Mannes in Düren geführt, der das französische Revolutionslied „Ça ira" gesungen hatte. Insofern verdient die Bemerkung Johann Wolfgang Goethes Beachtung, der auf der Rückreise vom preußisch-österreichischen Frankreich-Feldzug im November 1792 bei den Jacobis in Pempelfort gastierte, *daß ein gewisser Freiheitssinn, ein Streben nach Demokratie sich in die hohen Stände verbreitet hatte*. Denn die „hohen Stände", das waren zweifelsohne die (adligen) Führungsbeamten der jülich-bergischen Regierung, denen die Umsetzung der Münchner Zensurpolitik aufgegeben war.

Es fällt auf, dass neben dem Namen Friedrich Heinrich Jacobis, um den in intellektueller Hinsicht alles zu kreisen schien, insbesondere jene der Führungschargen der kurfürstlichen Regierung häufig genannt werden: so tauchen der Kanzler Graf von Nesselrode, der Polizeidirektor von Neorberg und der Geheime Rat von Palmer als Subskribenten einer in Köln zur Herausgabe vorbereiteten „Zeitschrift zur Verbreitung wahrer philosophischer Aufklärung" auf; der Graf von Goltstein wurde 1787 zum Vortrag der Bonner Lesegesellschaft gebeten.

Reformer und Reformen

Besondere Aufmerksamkeit verdient die Persönlichkeit Johann Wilhelm von Hompeschs. Bereits dessen Vater Franz Karl stand in höchsten Diensten Karl Theodors, seit 1794 als kurpfälzischer Statthalter in Düsseldorf. Die politische Mission war außerordentlich heikel, nachdem französische Truppen die linksrheinischen Territorien – neben dem pfalz-bayerischen Jülich vor allem die drei rheinischen Kurfürstentümer und die Reichsstädte Köln und Aachen – besetzt hatten.

Johann Wilhelm von Hompesch hatte nach juristischen Studien in Köln, Göttingen und Düsseldorf 1798 den Sprung in den Geheimen Rat geschafft, wurde durch das enorme Vertrauen, welches er beim Grafen Montgelas genoss, 1800 Geheimratspräsident, war die zentrale Figur der Reorganisation der bergischen Landesbehörden 1802; nach der Abtretung des Herzogtums Berg 1806 holte ihn Montgelas als bayerischen Finanzminister nach München – ein Amt, welches bereits sein Vater Franz Karl von Hompesch bekleidet hatte. Die bergische Behördenreform des Jahres 1802 stand unter dem Leitbild einer antiständischen, zentralen, rationalen und effizienten politischen Verwaltung nach dem Vorbild der Montgelas-Reformen: Die Unterscheidung zwischen adligen und bürgerlichen Räten wurde ebenso aufgegeben, wie die quasierblichen Ansprüche der (bürgerlichen) Beamtendynastien bei den Stellenbesetzungen zugunsten von Befähigungsnachweisen verfielen.

Den erfolgreichsten bergischen Unternehmer seiner Zeit, Johann Gottfried Brügelmann, nannte Hompesch *einen Agenten der französischen Generale, um einen finanziellen Akkord auszuhandeln*, und *reichste[n] und eitelste[n] und revolutionärste[n] Kaufmann in Berg*. Als geachteter Fachmann für politische und Verwaltungsreform hat Hompesch selbst die Wahl der Staatsräte des Großherzogtums Berg noch maßgeblich beeinflusst. Dies waren immerhin die leitenden Angestellten des Staates, dem unter französischer Leitung die Adaption der revolutionären französischen Staats- und Gesellschaftsordnung in weiten Teilen des rechtsrheinischen Rheinlands und Westfalens aufgegeben war.

Im Zeichen der Revolution

Am 14. Juli 1789 stürmten in Paris Teile der Bevölkerung ein Gefängnis und befreiten die dort eingesperrten Gefangenen. Dieser Vorgang wird gemeinhin als „Ausbruch" der Französischen Revolution bezeichnet und hat als „Sturm auf die Bastille" Eingang in die Geschichtsbücher gefunden. Dieses Ereignis hat das Leben der Menschen in Düsseldorf nicht verändert. Für sie begann auf dem anderen Rheinufer das kurkölnische Ausland. Doch im Zusammenhang mit der Französischen Revolution wurde Europa von Madrid bis Moskau Schauplatz gewaltiger Veränderungen, die das Leben auch in Düsseldorf nicht unberührt ließen.

Seit April 1792 herrschte Krieg zwischen Frankreich und einer österreichisch-preußischen Koalition zum Schutz der französischen Monarchie. Die Vorgänge in Frankreich führten zur Emigration französischer Adliger und Geistlicher. Schon Ende des Jahres 1792 lebten ca. 500 Flüchtlingsfamilien in Düsseldorf. Im November wurden der Trierer Domschatz und die Mainzer Archive nach Düsseldorf gebracht. 1794 lebten allein 300 emigrierte Geistliche in Düsseldorf, 18 von ihnen waren Bischöfe oder Erzbischöfe.

Neben den Flüchtlingen war vor allem eine mehrere tausend Mann starke Garnison aus kurpfälzischen und kaiserlich-österreichischen Truppen in der Stadt untergebracht und versorgt. Dies führte zu einer akuten Nahrungsmittelknappheit, die eine Verdoppelung des Brotpreises innerhalb eines Jahres zur Folge hatte. Die Hungersnot wurde durch den strengen Winter 1794/95 noch verschärft. Im Verlauf dieses Winters fror der Rhein fast vollständig zu, der dann mit dem plötzlichen Einbruch von Tauwetter Stadt und Umland verheerend überschwemmte. Im September des Jahres brach die Rote Ruhr aus, die unter der geschwächten Bevölkerung zahlreiche Opfer forderte.

In der Nacht vom 6. auf den 7. September 1794 wurde die Stadt vom rechten Rheinufer aus bombardiert. Die französischen Geschütze zerstörten einen großen Teil des Schlosses, aber auch etliche Privathäuser, vor allem auf der Ratinger und

Neubrückstraße. Ein Jahr später, am 6. September 1795, wurde die Stadt übergeben. 3000 kaiserliche Soldaten verließen Düsseldorf gen Osten, dafür wurden französische Truppen einquartiert. Trotz der Androhung drakonischer Strafen konnten Ausschreitungen und Plünderungen der Besatzungssoldaten nicht verhindert werden. Sofort machten sich die Besatzer daran, die Stadtbefestigung zu verbessern, um einer Rückeroberung vorzubeugen. Die Bevölkerung wurde dabei zu Hand- und Spanndiensten verpflichtet. Darüber hinaus wurden die Bürger durch Kontributionszahlungen belastet. Mit der Eintreibung der Gelder wurde der Magistrat beauftragt. In der Eintreibung sahen einige – immerhin einheimische – Stadträte offenbar einen willkommenen Anlass, ihre Privatkassen aufzubessern, indem sie zusätzlich von den Kontributionsgeldern noch Hebegelder als eine Art Eintreibegebühren von den Bürgern kassierten.

Am 9. Februar 1801 wurde der Frieden von Lunéville geschlossen. Frankreich wurde das linke Rheinufer überlassen, dafür sollten die französischen Truppen das rechte Ufer wieder räumen. Die rechtsrheinischen Festungen sollten geschleift werden. Die Nebenresidenz Düsseldorf erhielt damit ihre wittelsbachische Obrigkeit wieder zurück. Nachdem die letzten französischen Soldaten am 9. Juli die Stadt verlassen hatten, rückte am 27. Oktober die kurpfälzische Garnison wieder ein. Doch das Interesse der wittelsbachischen Kurfürsten, die seit 1777 in München residierten, konzentrierte sich schon lange nicht mehr auf ihre niederrheinischen Besitzungen. 1803 vergab der seit 1799 regierende Kurfürst Max IV. Joseph das Herzogtum Berg als Apanage an seinen Schwager Wilhelm, der seit dem 25. Februar 1804 auf Schloss Benrath weit außerhalb der Stadt residierte, da das französische Bombardement vom 6. Oktober 1794 das Stadtschloss ruiniert hatte. Wilhelms herzogliche Regierung beschränkte sich im Wesentlichen auf die Verwaltung der Einkünfte des Herzogtums, die politische Leitung verblieb bei Max Joseph in München. Für zwei Jahre wurde Düsseldorf so zur Residenz Wilhelms, der sich „Herzog in Bayern“ nennen ließ.

Schließlich kamen in einem komplizierten Ringtausch

zwischen Frankreich, Bayern und Preußen die rechtsrheinischen Teile des Herzogtums Kleve-Mark (seit 1614 brandenburgisch-preußisch) und Berg direkt unter französische Verwaltung. Am 24. März 1806 traf Napoleons Schwager Joachim Murat als Großherzog von Kleve und Berg in Düsseldorf ein. Wenige Tage vorher hatte Max Joseph seinen Landeskindern mitteilen lassen, dass er sie aus seiner Hoheit nun entlasse. Die Unterzeichnung der Rheinbundakte am 12. Juli 1806 machte Düsseldorf zur Hauptstadt eines Territoriums, das aus dem alten Herzogtum Berg, den rechtsrheinischen Teilen von Kleve-Mark sowie den bis dahin reichsunmittelbaren Stiftern Essen, Werden, Elten, der ehemaligen Reichsstadt Dortmund und einigen anderen Gebieten bestand und von nun an Großherzogtum Berg hieß. Am 7. August 1808 gab Murat seinen Großherzogstitel wieder auf, um König von Neapel zu werden. Seitdem wurde das Territorium, nun direkt Napoleon unterstellt, von Paris aus verwaltet, behielt allerdings seinen Status als Großherzogtum und blieb damit – von Paris aus betrachtet – Ausland. Damit war das Land ein von Frankreich in jeder Hinsicht abhängiger Trabantenstaat, der dem Kaiser als Pufferzone zu Preußen, als Aufmarschgebiet und als Soldatenreservoir dienen sollte.

In die Zeit der französischen Herrschaft fallen eine ganze Reihe von Reformen, deren Folgen weit über diesen Zeitraum hinausreichen. Sie betreffen im Wesentlichen die öffentliche Verwaltung, das Gerichts- und Finanzwesen und beendeten weitgehend die feudalen Vorrechte des Adels. Am 1. Januar 1810 wurde der Code Napoleon, ein seit 1804 in Frankreich gültiges bürgerliches Gesetzbuch, und später eine Zivilprozessordnung eingeführt.

Auf wirtschaftlichem Gebiet blieb die Lage angespannt. Im Westen und im Norden grenzte das Großherzogtum direkt an das Kaiserreich Frankreich, von dem es wirtschaftlich durch strikte Zollschranken getrennt war. Ein guter Teil der traditionellen Absatzmärkte ging damit verloren. Das 1806 erlassene Verbot, „englische Waren“ in Kontinentaleuropa zu handeln, die sogenannte Kontinentalsperre, sowie deren Verschärfung im Dezember 1807 schädigten die bergische Wirtschaft, vor allem weil hiesige Tuchprodukte z. T. als „englische Waren“ angesehen wurden. Die noch arbeitskraftintensive Landwirtschaft wurde durch den Abzug von jungen Männern in die Heere des Kaisers geschwächt. Schlechte Ernten führten zu einer Verdoppelung des Roggenpreises zwischen 1810 und 1813.

Düsseldorf und Napoleon

Vom 2. bis zum 4. November 1811 besuchte der aus Wesel kommende Napoleon die bergische Hauptstadt. Den Schmuck der Stadt und andere Feierlichkeiten ließ sich die Stadt kaiserliche 32 723 Francs kosten, eine Summe, an der sie noch abzahlte, als Bonaparte bereits im Exil weilte. Eine Gewerbeausstellung bergischer Fabrikanten sollte den Kaiser von dem hohen Standard hiesigen Gewerbefleißes überzeugen und für eine wirtschaftspolitische Stützung der bergischen Industrie sorgen. Noch heute sichtbare Folgen hat aber vor allem das nach dem Besuch erlassene Verschönerungsdekret für die Stadt Düsseldorf gezeitigt. Das ehemalige Festungsgelände wurde hierin der Stadt zur Anlage öffentlicher Spazierwege überlassen: Dies ist der Ursprung des Hofgartens. Zur Gründung einer Universität in dem wiederaufzubauenden Schloss ist es bekanntlich nicht gekommen. Für alle diese Maßnahmen sollten der Stadt 100 000 Francs zu Verfügung gestellt werden.

Unter Napoleons Befehl kämpften hunderttausende junger Männer in Schlachten in ganz Europa. Bereits Ende April/ Anfang Mai war das „1. großherzoglich Bergische Infanterie-Regiment“ in Richtung Magdeburg ausgerückt. Mitmarschiert ist der 23-jährige Gerhard Deiter, dessen Aufzeichnungen uns seinen kriegerischen Weg durch Europa nachvollziehen lassen.

Am 25. Mai erreichten die bergischen Infanteristen in Napoleons Diensten Danzig. Da sich die Festung gerade ergab, marschierte Deiter mit dem Regiment weiter nach Graudenz, das noch von preußischen Truppen gehalten wurde, in deren Kriegsgefangenenschaft er bald geriet. Nach einem Gefangenenaustausch und der Belagerung von Stralsund wurde Deiter das

Winterquartier in Greifswald angewiesen. Am 3. Oktober 1808 kehrte er zurück an den Rhein. Die Strapazen des Marsches und die Kälte hatten die Truppe stärker dezimiert als die Gefechte mit preußischen, russischen und schwedischen Soldaten. Nur zwei Monate war Deiter nach 18 Monaten Kriegsdienst zu Hause gewesen, um am 28. Dezember 1808 als napoleonischer Sergeant in Paris einzutreffen. Weiter ging es nach Gerona in Katalonien. Vom Mai bis zur Aufgabe der Festung am 10. Dezember wurde die Festung belagert. Bis dahin haben nur 600 bergische Soldaten überlebt. Am 22. November 1811 trafen die letzten 120 bergischen Infanteristen wieder in Düsseldorf ein.

Soldatenehe

Als Gerhard Deiter im November 1811 wieder nach Düsseldorf kam, hatte er viereinhalb Jahre in französischem Kriegsdienst gestanden und war mehrere tausend Kilometer – von Danzig bis nach Katalonien – marschiert. In Düsseldorf angekommen, heiratete er die etwa acht Jahre jüngere Katharina Rottmanns aus Bilk. Die Regierung hatte vorher die ledigen Frauen des Landes aufgefordert, die zurückkehrenden Soldaten zu ehelichen und als Belohnung dafür 600 Francs als Aussteuer versprochen. Frauen, die einen Krüppel heirateten, sollten das Doppelte dieser Summe erhalten. Ein halbes Jahr nach der Ankunft der Soldaten, die den Spanienfeldzug überlebt hatten, sollten auch bergische Männer wieder dem Kriegsruf des Kaisers, diesmal nach Russland, folgen. Gerhard Deiter gehorchte und marschierte im Mai 1812 mit ungefähr 5000 Soldaten aus dem Großherzogtum Richtung Osten. Dessen junge Frau Katharina aber wollte sich mit diesem Schicksal nicht abfinden – sie war schwanger. Sie rannte dem Trupp hinterher und suchte ihren Mann unter den vielen marschierenden Soldaten. Als sie ihn schließlich sah, rief sie seinen Namen und brach zusammen. Während die anderen Soldaten weiterzogen, kam Deiter zu seiner Frau. Sie hatte eine Fehlgeburt. Indem sie das Leben ihres ungeborenen Kindes riskierte, hat Katharina Deiter den Wegzug ihres Mannes in den Krieg verhindert, den von etwa 5000 bergischen Soldaten nicht einmal 500 überlebt haben. Katharinas Ehemann wurde noch im nächsten Monat Sergeant der Gendarmerie.

Einzug Napoleons in Düsseldorf, 1811. Gouache von Johann Petersen, 1811. – Seit August 1808 war der Kaiser von Frankreich gleichzeitig Großherzog von Berg. Obwohl faktisch aus dem Pariser Innenministerium regiert, galt das Großherzogtum als selbstständiger Staat.

Am 10. November 1813 trafen Kosaken als erste Soldaten der antinapoleonischen Verbündeten in Düsseldorf ein. Das Großherzogtum wurde von den Truppen des russischen Generals Jusefowitsch besetzt. Als provisorischer General-Gouverneur wurde der russische Staatsrat Justus Gruner eingesetzt, der allen ehemaligen bergischen Soldaten befahl, *sich binnen 5 Tagen zur Kriegsdienstnahme zu melden*. Ab Neujahr 1814 war Deiter wieder bei der Armee, diesmal auf der Gegenseite. Da er mit organisatorischen Aufgaben betraut war, musste er allerdings nicht zum Kampf ausziehen. Im September wurde er schließlich als Halbinvalide aus dem Militärdienst entlassen. Nachdem der preußische König Friedrich Wilhelm III. im

April 1815 vom Rheinland Besitz ergriffen hatte, übernahm er die von der provisorischen Verwaltung unter Gruner eingerichteten Truppen.

Gerhard Deiter arbeitete nach seiner Entlassung aus dem Militärdienst noch über zehn Jahre als Polizist in Düsseldorf. Später war er Pflastergeldempfänger und Stadtwagemeister am Bergertor, um schließlich noch drei Jahre als Werftaufseher in städtischen Diensten zu stehen. Wegen Gichtanfällen wurde er 1836 pensioniert. Nach langer Krankheit starb er im Alter von 65 Jahren am 9. März 1847. Mit seiner Frau Katharina hatte er 17 Kinder, 13 von ihnen starben bald nach der Geburt.

Schwieriger Weg in die preußische Provinz

Unterordnung unter eine fremde Stadt

Im Zuge der Eroberungen russischer und preußischer Truppen, schließlich mit der staats- und völkerrechtlichen Organisation des nachnapoleonischen Europas auf dem Wiener Kongress, wurde das seit 1614 pfälzische, dann bayerische Düsseldorf – historisch betrachtet durch Vermittlung Napoleons – seit 1814 eine preußische Stadt. Für ein halbes Jahrzehnt existierten zwei rheinische Provinzen unter dem preußischen Königreich: eine südliche, missverständlicher Weise „Niederrhein" titulierte, mit Sitz in Koblenz, sowie eine nördliche mit den im herkömmlichen Sprachgebrauch niederrheinischen, nunmehr preußischen Gebieten, die den Namen „Cleve-Berg" erhielt. 1821 wurden beide in der Rheinprovinz vereinigt; Düsseldorf wurde 1822 Sitz einer Bezirksregierung, womit die Stadt wenigstens staatliche Mittelbehörden erhielt.

Alles Klagen der Stadtspitze, Düsseldorf müsse die *Unterordnung unter eine ihr fremde Stadt als eine wirkliche Entwürdigung* betrachten, erweichte die maßgeblichen Stellen in Berlin wenig. 1820 wurden gar Stadt- und Landkreis zusammengelegt und die Stadt verlor formal ihren Status als kreisfreie Stadt. Erst 1848 gewann sie diesen wieder; ihre Verwaltungschefs ließen sich unterdessen ganz unbeeindruckt weiter „Oberbürgermeister" titulieren. Als letzten Abglanz vergangener Residenzherrlichkeit ließ sich 1821 Prinz Friedrich von Preußen, Kommandeur der in der Stadt stationierten 14. Division und Neffe König Friedrich Wilhelm III., in Schloss Jägerhof nieder. Mit Ausnahme der Militärs veränderte sich der Personalbestand der politischen und zivilen Verwaltung vorerst wenig. Manche hatten seit bayerischen Zeiten ununterbrochen hohe und einflussreiche Ämter inne. Die preußischen Machthaber taten sich vorerst nicht ganz leicht im neuen Territorium.

Oberbürgermeisterwahl
Ein Kuriosum der preußischen Geschichte Düsseldorfs stellt die Wahl des Oberbürgermeisters im Januar 1818 dar. Der 1813 von der Besatzungsverwaltung zum Oberbürgermeister eingesetzte reformierte Protestant Franz Schnabel war bald darauf zum Polizei-Direktor ernannt worden und als Bürgermeister ausgeschieden. Als preußische Verwaltungsstrukturen eingerichtet werden sollten, meldete er erneut Anspruch auf das Amt gegen den katholischen amtierenden Oberbürgermeister Engelbert Schramm an. Weder der Regierungspräsident noch der preußische Innenminister sahen sich aber in der Lage, einem der beiden Kontrahenten uneingeschränkt das Vertrauen aussprechen zu können. Die daraufhin ausgeschriebenen Wahlen sollten ganz ausdrücklich keinerlei Präzedenz für die Zukunft darstellen. Für das Verfahren wurde auf ein Dekret zurückgegriffen, das 1807 die Kantonalwahlen in den linksrheinischen französischen Departements regelte. Stimmberechtigt war jeder männliche Steuerzahler mit vollendetem 21. Lebensjahr und mit 2071 Wählern fast jeder Zehnte Düsseldorfer. Nach bemerkenswert heftigem Wahlkampf wurde mit Schramm erstmalig und für lange Zeit einmalig in der Düsseldorfer Stadtgeschichte ein Stadtoberhaupt demokratisch gewählt.

Prinz Friedrich gab sich zum Wohlgefallen der etablierten Kreise recht volkstümlich und wurde offenbar schnell von den Düsseldorfern „adoptiert". Der Düsseldorfer Regierungspräsident notierte zur Ankunft Friedrichs: *Seine Königl. Hoheit haben in den wenigen Tagen Ihrer hiesigen Anwesenheit, die Herzen aller Einwohner und der ganzen Provinz gewonnen. Die Menschen fangen schon ziemlich allgemein an, den Prinzen, unsern Prinzen zu nennen.*

Während Friedrich mit Künstlern der Akademie, Schützen und Karnevalisten verkehrte, ließ sich sein Onkel König Friedrich III. Wilhelm nur ungern an sein mit dem Besitzergreifungspatent gegebenes Versprechen erinnern, eine „Verordnung über die zu bildende Repräsentation des Volkes" zu erlassen. Dass die 1823 eingesetzten rheinischen Provinzialstände in Düsseldorf etabliert wurden, brachte wenig Befriedigung angesichts deren dürftiger Ausgestaltung. In den ersten 15 Jahren ihres Bestehens tagten die Stände ganze sechs Male.

Die Einwohnerzahl stieg, wenn auch vorerst nicht in besonders außergewöhnlicher Weise. Bis in die Jahrhundertmitte, sogar bis zur Reichsgründung 1871, hielt sich Düsseldorf am unteren Rand der 20 einwohnerstärksten Städte auf dem Gebiet des Reiches. Gleichwohl machte es für die lokalen Verhältnisse einen bemerkbaren Unterschied, ob nun, wie 1818, etwa 23 000 Menschen, oder wie 1850, etwa 40 000 Menschen in der Stadt lebten. Zuwanderer erbrachten dieses Wachstum, die allerdings nicht in große Fabriken, sondern in kleine Handwerksbetriebe sowie in Anstellungen als Dienstboten strebten. Von knapp 16 000 Erwerbstätigen im Jahr 1825 waren fast 2000 als Dienstboten beschäftigt, die nächst größeren Gruppen stellen landwirtschaftlich sowie als Tagelöhner Beschäftigte dar. Auch die weit über 600 alleinarbeitenden Handwerker, zum Teil sicherlich Meister, haben zum großen Teil ein Leben hart an der Armutsgrenze geführt.

Bemerkenswert hoch ist die Zahl von über 300 weltlichen und geistlichen Beamten sowie fast 500 Rentnern – also Menschen, die von ihrem Vermögen bzw. Einkünften aus Grund- und Immobilienbesitz ihr Leben gut bestreiten konnten. In deren Haushalten werden die meisten der Dienstboten gearbeitet haben.

Überragende Fabriken finden sich vorerst nicht; 1836 war die Kattundruckerei und Weberei von Deus mit 200 Beschäftigten, vermutlich zum größeren Teil Kinder, der größte gewerbliche Arbeitgeber; nur drei Betriebe mit mindestens 100 Beschäftigten finden sich in der Stadt. Aus diesem Jahr stammt auch die erste Dampfmaschinenstatistik in Deutschland. 68 Dampfmaschinen mit 1357 PS werden dort für den Regierungsbezirk Düsseldorf gemeldet, die meisten in Elberfeld und Duisburg; in Düsseldorf selbst stand noch keine einzige. Hier gab es allerdings schwimmende, im Besitz der ebenfalls 1836 gegründeten „Dampfschifffahrtsgesellschaft für den Nieder- und Mittelrhein“. Forciert wurde die Unternehmung insbesondere vom Textil- und Kleineisengewerbe des bergischen Landes. Die Handelskammern von Elberfeld,

Duisburg und Düsseldorf bereiteten das Konkurrenzunternehmen zur 1825 ebenfalls als Aktiengesellschaft in Köln gegründeten „Preußisch-Rheinischen Dampfschifffahrtsgesellschaft“ dann vor.

Eisenbahn

Kaufleute aus Barmen und Elberfeld waren es auch, die seit den frühen 1830er-Jahren eine Eisenbahnverbindung aus dem Wuppertal nach Düsseldorf forderten. Wiederum in Zusammenarbeit der Handelskammern wurde eine Aktiengesellschaft gegründet, deren Aktien zu einem Drittel Düsseldorfer zeichneten. 1838 wurde das Teilstück von Düsseldorf nach Erkrath als erste Eisenbahnstrecke in Westdeutschland eröffnet. Da sich niemand fand, der in der Lage war, die Eisenbahnen zu bedienen, ließ sich der Bauleiter des Projekts, Ingenieur Friedrich Wiebe, beim Fabrikanten Cockerill in Seraing bei Lüttich anlernen und wurde der erste Lokomotivführer der Strecke. Besondere Schwierigkeiten bereitete der steile Anstieg von Erkrath nach Hochdahl, der schließlich bewältigt werden konnte, indem die herunterfahrenden Züge mittels einer Seilwinde die aufwärtsfahrenden hinaufzogen.

Im September 1841 konnte die Gesamtstrecke Düsseldorf-Elberfeld, im gleichen Jahr auch eine Eisenbahnverbindung zwischen Köln und Aachen eröffnet werden. Diese Strecke weiter nach Osten zu führen, war das Projekt der „Köln-Mindener Eisenbahn-Gesellschaft“, die Düsseldorf einen zweiten Bahnhof bescherte, als 1845 die Strecke vom rechtsrheinischen Köln-Deutz nach Düsseldorf in Betrieb genommen wurde. Nur zwei Jahre darauf war über Minden hinaus auch Hannover – und von dort aus Berlin – auf Schienen erreichbar.

Beide Bahnhöfe wurden an der südöstlichen Ecke der derzeit bebauten Innenstadt platziert, unmittelbar außerhalb der inzwischen kanalisierten ehemaligen Festungsgräben. Die frühzeitige Niederlegung der Festungswerke geriet um die Jahrhundertmitte zu einer wichtigen städteplanerischen Strukturoption, indem sie zwischen dem bebauten Stadtkern und

Bergisch-Märkischer Bahnhof, um 1880. Gemälde von Johann Nikutowski. – Durch das rasante Wachstum der Stadt lagen die beiden am heutigen Graf-Adolf-Platz gelegenen Bahnhöfe binnen kurzer Zeit inmitten der Stadt. Seit der Eröffnung des Hauptbahnhofes 1891 musste der Fernverkehr nicht mehr Wohnviertel queren.

dem umgebenden Gelände einen Übergang schuf, der das allmähliche Hinauswachsen der Stadt ins Umland gestattete.

Letztlich entstanden im Norden (Hofgarten) und im Südosten (Schwanenspiegel) größere Parks, deren Teichanlagen von einem Kanal aus ehemaligen Festungsgräben miteinander verbunden waren. Vor allem der Hofgarten und die gärtnerische Gestaltung eines von dort nach Osten zum Schloss Jägerhof führenden Geländes brachten der Stadt den Ruf einer „Gartenstadt“ ein.

Die südöstliche Bebauungsgrenze stellten noch in den 1840er-Jahren die Kasernen in der Karlstadt dar; dahinter lag ein geräumiger Exerzierplatz, der von dem nach Süden abknickenden und die Stadt großzügig umlaufenden Verbindungskanal umgeben war. Entlang dieses Kanals und der Kasernen, im äußersten Osten der Stadt, ergab sich eine lange in Nord-Süd Richtung verlaufende Straße, die Kastanienallee, die durch den Bau der Bahnhöfe zum Straßenzubringer des Schienenverkehrs wurde.

Kastanien- und Königsallee

Die bisher aufgeschlossene, preußenfreundliche Stimmung begann seit den 1830er-Jahren deutlich zu bröckeln. Bei der 7. Sitzung des rheinischen Provinziallandtags im Sommer 1843 wurde ein königlicher Entwurf über ein preußisches Strafgesetzbuch dem König mit der Bitte um eine neue, fortschrittlichere Vorlage, schlicht zurückgegeben. Mit einem Fackelzug sowie einer „Rhein-, Fest- und Verbrüderungsfahrt von Kölner Bürgern nach Düsseldorf“ wurde dieses Ereignis gefeiert. Diese „unanständigen Auftritte“ haben König Friedrich Wilhelm IV. so verärgert, dass er den folgenden Provinziallandtag in Koblenz abhalten ließ.

Die meisten der die Spitzen der militärischen und zivilen Behörden bekleidenden Neu-Düsseldorfer waren Protestanten, während die Bevölkerung zu über 80% katholisch bekannte. Als der Kölner Erzbischof von Droste-Vischering 1836 auf der preußischen Festung Minden festgesetzt wurde, erhob sich auch in Düsseldorf lautstarker Protest. Dessen Protagonist, der Priester des damaligen Vorortes Bilk Anton Joseph Binterim, erlitt eine halbjährige Festungshaft. Beerdigungen beliebter Geistlicher und Prozessionen gerieten in der Folge schnell zu seitens der Obrigkeit als antipreußisch eingestuften politischen Demonstrationen. Die Stimmung spiegelt sich auch in dem Vorwurf an den Direktor der Kunstakademie, Wilhelm Schadow, die preußisch-protestantischen „Ostländer“ bei Bewerbungen und Ausstellungen zu bevorzugen.

Im Frühjahr und Sommer 1848 bildeten sich als Reaktion auf Barrikadenkämpfe in Berlin rasch verschiedene politische Vereine und Klubs. Der Kassierer des demokratischen Volksklubs, „Trompeter der Revolution“ Ferdinand Freiligrath, publizierte sein berühmtes Lied „Von den Todten an die Lebenden“, was ihm im August 1848 die Verhaftung, im Oktober einen Freispruch einbrachte, der nach Polizeiberichten von 15 000 Menschen gefeiert wurde. Prinz Friedrich, der am 19. März 1848 aus Luxemburg kommend in Düsseldorf eintraf, versagte sich vorsichtshalber einen Empfang durch die Schützen, *da in jetziger leider so angeregten Zeit man jede Gelegenheit vermeiden muß, einen Zusammenfluß so vieler Menschen herbeizuführen.*

Die Toten an die Lebenden

Zu viel schon hattet ihr erreicht,
zu viel ward euch genommen!
Zu viel des Hohns, zu viel der Schmach
wird täglich euch geboten:
Euch muß der Grimm geblieben sein –
o, glaubt es uns, den Toten!

Er blieb euch! ja, und er erwacht!
er wird und muß erwachen!
Die halbe Revolution
zur ganzen wird er machen!

...

Die Throne gehn in Flammen auf,
die Fürsten fliehn zum Meere!
Die Adler fliehn; die Löwen fliehn;
die Klauen und die Zähne! –
Und seine Zukunft bildet selbst
das Volk, das souveräne!

Indessen, bis die Stunde schlägt,
hat dieses unser Grollen
Euch, die ihr vieles schon versäumt,
das Herz ergreifen wollen!
O, steht gerüstet! Seid bereit!
O, schaffet, daß die Erde,
Darin wir liegen strack und starr,
ganz eine freie werde!

Daß fürder der Gedanke nicht
uns stören kann im Schlafen:
Sie waren frei: doch wieder jetzt –
und ewig! – sind sie Sklaven!

Düsseldorf, Juli 1848.

Reformkonservative, die Bürgergarde und der Verein für konstitutionelle Monarchie feierten am 6. August 1848 ein deutsches Einheitsfest. Ursprünglich als Versöhnungsfeier zwischen Bürgern und Soldaten geplant, untersagte Divisionskommandeur von Drygalski die Beteiligung der Soldaten, da ein Fackelzug mit den Fahnen aller deutschen Länder – wohl zurecht – als antipreußische Demonstration einzuschätzen war. Der Künstlerverein Malkasten und der Düsseldorfer Turnverein gehen auf dieses Fest zurück, an dem mit der Bürgergarde auch die Sebastianusschützen beteiligt waren.

In der Folgewoche hatte König Friedrich Wilhelm IV. auf seiner Rückreise vom Kölner Dombaufest einen Abstecher zu Prinz Friedrich nach Düsseldorf geplant. Der Gemeinderat und die Bürgergarde entschieden sich zunächst gegen eine offizielle Begrüßung des Monarchen, da es sich um eine private Visite handele, am Folgetag – nach der Publikation der Vortagsentscheidung in der Tageszeitung – bereits wieder dafür. Auf dem Weg vom Bahnhof nach Schloss Jägerhof über die Kastanienallee hatte sich ein Begrüßungskomitee aus Demonstranten gebildet, das die königliche Kalesche mit Pfiffen empfing – nach volkstümlicher Legende soll der Preußenkönig zu diesem Anlass mit Pferdeäpfeln beworfen worden sein.

Nach heftiger Reaktion von Militär und Polizei konnte der Polizeisekretär dem Prinzen im Dezember nach Luxemburg melden: *In unserer Stadt herrscht Todesstille*. Im Mai 1849 versuchten Düsseldorfer Bürger, die Verlegung hier stationierter Soldaten zum Kampf gegen Aufständische in Elberfeld zu verhindern. Daraufhin kam es zu blutigen Barrikadenkämpfen, in denen mehrere Unbeteiligte im preußischen Artilleriefeuer umkamen. Mit dem dann verhängten Belage-

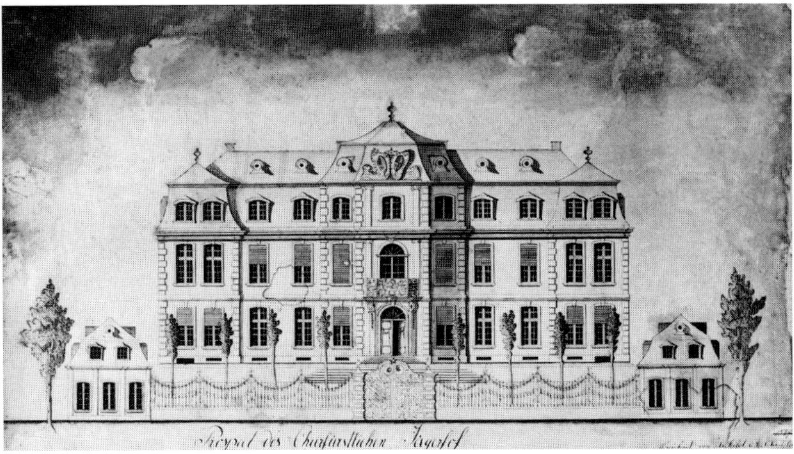

Ursprünglich als Landhaus vor den Toren der Stadt erbaut, beherbergte Schloss Jägerhof von 1821 bis 1849 Prinz Friedrich von Preußen, Kommandeur der in der Stadt stationierten 14. Division und Neffe König Wilhelms III. – Aquarellierte Tuschzeichnung von C. J. Schnitzler, um 1810.

rungszustand enden die Revolutionsbemühungen in Düsseldorf, die der Stadt den Ruf des „Hauptherds der Anarchie im Rheinland" eingebracht hatten. Prinz Friedrich hatte der Stadt den Rücken gekehrt. Flehentliches Bitten und eine Ergebenheitsadresse des, um alle demokratischer Auffassungen verdächtiger Mitglieder „bereinigten" Gemeinderates änderten dies ebenso wenig wie die Umbennung der Kastanien- in Königsallee.

Die Veränderung der städtischen Umwelt

Die Trottoirs waren noch lange keine öffentlichen Gehwege. Sie waren nicht gepflastert und bei Regen so wie durch die aus den Häusern fließenden Abwässer oft aufgeweicht. Auch waren sie durch Haustreppen und Kellereingänge häufig verbaut. Die meisten Menschen bewegten sich innerhalb der Stadt zu Fuß und benutzten selbstverständlich die gepflasterte Fahrbahn. Kleinere Lasten wurden in Taschen, Körben, Säcken oder Eimern transportiert, für größeres Gepäck wurde ein Handkarren benutzt. Zur Schlachthalle getriebenes Vieh sowie aus den Gärten entwichene Hühner, Hunde und Katzen sorgten dafür, dass auch ein Reiter oder ein Pferdefuhrwerk innerhalb der Stadt nicht schneller vorankamen als die Fußgänger.

Mit einer Bauordnung versuchte die städtische Bauverwaltung im Jahr 1835 zu einer einheitlichen und verkehrsförderlichen Gestaltung der Trottoirs zu gelangen. Erstmals wurde hier auch deren Pflasterung, wenigstens aber die Plattierung verlangt. Zwischen den Trottoirs auf beiden Seiten der Straße befand sich die eigentliche „Fahrbahn", die durch Wasserrinnen an beiden Seiten begrenzt war. Von neu anzulegenden Straßen wurde gefordert, dass die Fahrbahn drei Fünftel der Breite zwischen den Häusern beiderseits der Straße ausmachen sollte; die zu den Rinnen abschüssig verlaufenden Trottoirs sollten also jeweils ein Fünftel der gesamten Breite einnehmen.

Über die Rinnen lief nicht allein das Regenwasser, das sich auf der Straße sammelte, ab, sie waren vielmehr eine Art Vorläufer der späteren Kanalisation und transportierten außer Fäkalien, die in Gruben gesammelt wurden, sämtliche Abwässer. In Verordnungen zur Straßenreinigung wurde von den Bewohnern der Stadt verlangt, wenigstens stark übel riechende Abflüsse, wie von Brauereien, Branntweinbrennern, Färbern sowie das Blut von Hausschlachtungen sofort mit reichlich klarem Wasser nachzuspülen. Im Winter, wenn die Rinnen zugefroren waren, sollten diese Flüssigkeiten gar nicht auf die Straße laufen, lediglich in den Rhein durften sie geleitet werden.

Die Stadtverwaltung versuchte außerdem, die Hauseigentümer zur Beseitigung oder Verminderung der Vorbauten auf den Trottoirs zu zwingen. Die Haustreppen sollten maximal noch die Hälfte des Trottoirs einnehmen dürfen. Kellereingänge an der Straße sollten fortan nur noch unter der Bedingung gestattet werden, *daß das Trottoir vor dem betreffenden Hause mit Steinplatten belegt und die Kellerluke in die Plat-*

ten dergestalt eingesenkt werde, daß solche nur mit einer abgerundeten Kante von einem halben Zoll vortrete.

Auch sonst sollten die Trottoirs ganz eben, besonders die Ablaufrinnen aus den Häusern ganz flach sein oder mit einer starken Bohle bedeckt werden. Die Bestimmung, keine Abweissteine, Pfähle oder gar Bäume oder Sträucher auf die Trottoirs zu pflanzen, entspricht dem Bemühen, einen möglichst behinderungsfreien Verkehr auf den Straßen und Wegen der Stadt zu gewährleisten. In einer weiteren Bauordnung aus dem Jahr 1855 wurde dann die Pflasterung der Trottoirs und deren Einfassung mit Basalt beschlossen.

Die Stadt als Dienstleister: Wasser, Abwasser, Gas und Strom

Die Menschen wohnten in – für unsere Begriffe – unerträglicher Enge. Fließendes Wasser hatten sie noch nicht; geschweige denn Gas oder Elektrizität. Getrennte Wohn- und Schlafräume gab es in vielen Haushalten noch um 1900 nicht. Fast ausnahmslos schliefen mehrere Personen in einem Raum. Viele Haushalte haben sich eine Kochstelle teilen müssen. Handwerker, selbst viele Meister, Arbeiter, Tagelöhner sowie die Mehrzahl der kleineren Beamten und Angestellten wohnten nicht in abgeschlossenen Wohnungen. Der Düsseldorfer Oberbürgermeister Hammers stellte im Sommer 1853 fest: *Thatsache ist es, daß die gegenwärtigen Wohnungen für kleine Leute weder ihrer Zahl, noch ihrer Beschaffenheit nach dem Bedürfnisse entsprechen.*

Ein besonderes Problem stellten die Aborte dar. Häufig waren sie in den Höfen hinter den Häusern eingerichtet, nicht selten finden sich Anzeigen, dass auf dem Hof spielende Kinder oder unvorsichtige Erwachsene in die Abortgruben hätten stürzen können. Die Anlage wasser- und luftdichter Exkrementengruben war in einer Bauordnung 1855 verlangt worden. Als Toiletten dienten einfache, unbefestigte Gruben im Erdreich.

Anders als bei der Straßenreinigung waren die Hausbesitzer nicht zu einer regelmäßigen Reinigung bzw. Leerung der

Gruben verpflichtet. Die Abtrittsreinigung wurde in ihrem Auftrag von städtisch lizenzierten Unternehmern erledigt. Um Kosten zu sparen, wurden die Gruben möglichst tief ausgehoben, z. T. sogar bis ins Grundwasser, was dann für eine entsprechende Verunreinigung des manchmal nur wenige Meter weiter gepumpten Trinkwassers sorgte.

Überlegungen und Verhandlungen über den Bau eines städtischen Wasserwerks lassen sich in Düsseldorf bis 1865 zurückverfolgen. Der am häufigsten genannte Grund war die Gesundheitsgefährdung, die von dem Genuss des Wassers aus den öffentlichen und privaten Brunnen ausging. Im November 1866 wurden mehrere Brunnen wegen Choleragefahr geschlossen, nachdem eine Choleraepidemie dieses Jahres 111 Tote in Düsseldorf gefordert hatte. Gegen einige Widerstände setzte die Stadt ein von der Gemeinde und nicht von privaten Unternehmern betriebenes Wasserwerk durch, weil *schon der ärmeren Schichten wegen die Herbeischaffung eines so unentbehrlichen Bedürfnisses nicht an Private überlassen, sondern seitens der Gemeinde dafür gesorgt werden sollte.*

Im Mai 1869 wurde mit dem Bau begonnen, schon ein Jahr später wurden die ersten 200 angeschlossenen Grundstücke mit Leitungswasser aus Flehe beliefert. 1907 wohnten bereits 320 500 Menschen im Versorgungsgebiet auf Grundstücken, die an die städtische Wasserversorgung angebunden waren.

In vielen Wohnungen gab es auch nach dem Anschluss an das Rohrnetz des Wasserwerkes noch kein fließendes Wasser. Vielmehr endete die Wasserleitung in den Treppenhausfluren der Gebäude auf dem Grundstück. Immerhin war der Weg mit dem Wassereimer ins Treppenhaus wesentlich kürzer als zum nächsten Brunnen. So musste zwar die Wohnung, nicht aber das Haus verlassen werden. Noch immer aber kam das Wasser nicht dort aus der Leitung, wo es ge- bzw. verbraucht wurde, wie etwa in den Küchen.

Ein unentbehrliches Bedürfnis

Noch 1894 waren mehr als die Hälfte aller Wasserabnehmer nicht mit einem Zähler ausgerüstet, sondern zahlten pauschale Tarife: Für jeden bewohnbaren Raum, Küche oder Waschküche, die von einem Wasseranschluss aus versorgt wurden, mussten 2,50 Mark im Jahr bezahlt werden. Ein Wasserklosett oder eine Badeeinrichtung kosteten zusätzlich 4,50 Mark. Allein den Tarifen ist zu entnehmen, dass sanitäre Einrichtungen dieser Art als ein spezieller Luxus betrachtet wurden.

Von 1871 bis 1874 verdoppelte sich der Wasserverbrauch pro Kopf von 21 auf 42 Liter am Tag. Zur Jahrhundertwende erreichte er dann 100 l, 1907 wurden durchschnittlich 139 l Wasser pro Kopf und Tag in Düsseldorf verbraucht. Die rapide Zunahme des Wasserverbrauchs verschärfte das Entsorgungsproblem, das eine kommunale Versorgung mit gesundheitlich akzeptablem Trinkwasser erst notwendig gemacht hatte. Die Wohnungen verfügten über keine vernünftigen Abflüsse, so dass *Feuchtigkeit und dumpfe Stickluft in den Wohnungen, Versumpfung in den Höfen und Gassen, noch gesteigert durch die zunehmende Wohndichte, ... die Begleitumstände dieser Entwicklung waren.*

1872 beschloss die Stadtverordnetenversammlung eine Kanalisation anzulegen, die in den Jahren 1882 bis 1889 realisiert wurde. Die Hausbesitzer wurden verpflichtet, ihre Häuser an die Kanalisation anschließen zu lassen. Dabei entsorgte die Kanalisation vorerst keine Fäkalien, da man befürchtete, diese würden den Rhein, wohin das Kanalnetz die Abwässer führte, zu sehr verschmutzen. 1904 wurde eine mechanische Abwasserreinigungsanlage in Betrieb genommen.

Nicht zuletzt der den Hausbesitzern entstehenden Kosten wegen musste sich die Stadt gegen erhebliche Widerstände der Bürger durchsetzen. Im Wahlkampf zur Stadtverordnetenversammlung 1882 versprach die Zentrumspartei ihren Wählern, sich gegen eine Anschlusspflicht an die städtische Kanalisation einzusetzen. Der Haus- und Grundbesitzerverein lehnte die Kanalisationspläne der Bauverwaltung strikt ab. Schließlich war die Vorstellung, für Wasser oder sogar Abwasser bezahlen zu müssen, dermaßen neu, dass viele Bürger die entsprechenden städtischen Maßnahmen geradezu „als einen tyrannischen Akt“ empfanden.

Bereits seit 1825 war die Stadt darum bemüht, die 284

Marktplatz, Mitte des 19. Jahrhunderts. – Stahlstich von W. J. Cooke, nach J. W. Kraft.

hier befindlichen Laternen mit Gas statt mit Öl zu betreiben. Erst zwei Jahrzehnte darauf wurde ein Vertrag über die öffentliche Gasbeleuchtung mit einem privaten Unternehmer geschlossen. Am 1. September 1848 leuchtete hier die erste Gaslaterne, während die Stadt im Zusammenhang mit den revolutionären Unruhen als *Hauptherd der Anarchie im Rheinland* brannte. Aber wegen häufiger Klagen über die mangelnde Qualität und die zu hohen Preise der Firma Sinzig & Co. eröffnete die Stadt 1866 eine eigene Gasanstalt, senkte die Gaspreise und baute das Leitungsnetz aus. Die Stadt bezahlte nicht nur die Zuleitungen, sondern finanzierte auch vorschussweise die Inneninstallationen, um den Gasverbrauch zu steigern. Seit 1884 wurde Heiz-, Koch- und Kraftgas billiger abgegeben als solches zu Beleuchtungszwecken. Gleichzeitig startete die Stadt eine Ausstellung moderner Gasherde, die preiswert vermietet wurden. So konnte die Zahl der Privatanschlüsse von 1880 bis 1891 auf 2500 fast verdoppelt werden.

Am 31. März 1892 nahm das städtische Elektrizitätswerk seinen Betrieb auf. In der Innenstadt wurde 2 × 110 Volt

Gleichstrom angeboten, aber es dauerte noch lange, bis sich elektrischer Strom in den privaten Haushalten als Energieträger durchsetzte. Der Betrieb der städtischen Straßenbahn, die seit 1899 von Elektrizität statt von Pferdekräften im wörtlichen Sinne angetrieben wurde, und die Elektromotoren der Fabriken lasteten das Werk aus. Am 23. September 1892 wurde zusätzlich zu den Gaslaternen eine elektrische Straßenbeleuchtung eingeführt. Aber sie hat die Gasbeleuchtung nicht verdrängen können: Noch 1908 erhellten ca. 5500 Gas- und nur etwa 800 elektrisch betriebene Laternen die Straßen der nächtlichen Stadt.

Düsseldorf und das Leben in dieser Stadt hatten sich während der letzten beiden Generationen vor der Jahrhundertwende gewaltig verändert. Zum einen nahm die Bevölkerungsentwicklung einen nahezu explosionsartigen Verlauf: Um 1800 lebten in Düsseldorf ca. 20 000 Menschen, 1860 waren es 50 000, 1882 wurden die 100 000 überschritten, 1900 hatte sich die Bevölkerung wiederum verdoppelt. Aus der ehemaligen Residenz und Beamtenstadt, in der ersten Jahrhunderthälfte eine etwas behäbige Stadt der Künstler und „Gartenstadt“, wurde eine Großstadt.

Diese Entwicklung war begleitet von territorialer Vergrößerung; zum einen durch die Erschließung neuer Wohngebiete z.B. in der Friedrichstadt, in Bilk, Pempelfort und Derendorf, zum anderen in der Entwicklung von Industriegebieten wie in Oberbilk, Flingern und Lierenfeld. Trotz dieser Erweiterungen des Stadtgebiets nahm die Wohndichte in den Häusern und Wohnungen in Alt-Düsseldorf stetig zu.

Die junge Großstadt

Nach den Ergebnissen der Volkszählung 1890 war der Stadtkreis Düsseldorf nach dem Landkreis Essen der zweitgrößte Kreis des Regierungsbezirkes, nach der Einwohnerdichte lag er hinter den Stadtkreisen Essen, Barmen, Elberfeld, Krefeld und Mönchengladbach erst an sechster Stelle. Stimmt es also, wenn Düsseldorf als eine um die Jahrhundertwende char-

Um die Jahrhundertwende trug die Marktstraße bereits großstädtisches Flair. (Foto um 1890)

mante, ruhige und idyllische Stadt bezeichnet wird? Ein überschaubarer Lebensraum, wo die Nachbarn einander noch kannten und halfen, beim Bäcker noch angeschrieben und mit dem Streifenpolizisten genau wie abends beim Altbier noch Düsseldorfer Platt gesprochen wurde?

Die Stadt hatte in den beiden Generationen vor dem Ersten Weltkrieg in vielerlei Hinsicht eine rasante Entwicklung genommen. 1913 war mit 402 300 Einwohnerinnen und Einwohnern knapp das Zehnfache der Einwohnerzahl des Jahres 1853 (43 386) zu verzeichnen. Vor der Eingemeindung von Wersten im Jahre 1908 hatte es mehrere Jahrhunderte lang keine Vergrößerung des Stadtgebietes gegeben, so dass die Einwohnerdichte von etwa 9 Einwohnern pro Hektar Stadtfläche auf über 50 im Jahr 1907 kletterte, eine Zahl, die sich nach der Eingemeindung von Eller, Gerresheim, Heerdt, Himmelgeist, Ludenberg, Rath, Stockum und Vennhausen 1909 auf 36 reduzierte.

Bis zu diesen Eingemeindungen war Düsseldorf in das seit dem Mittelalter zum Stadtgebiet gehörende und bis in die Jahrhundertmitte noch weitestgehend ländlich-bäuerliche Umland hineingewachsen. So lag Schloss Jägerhof außerhalb der Stadt, war der Malkasten im ehemaligen „Musenhof“ Friedrich Jacobis im Grünen errichtet, während sich bis zur Jahrhundertwende Pempelfort und Derendorf zum Wohngebiet der mondänen städtischen Elite entwickelt hatten, die zwar in verhältnismäßiger Ruhe und Abgeschiedenheit von der Großstadt, aber doch keinesfalls im Wald leben wollte.

War Bilk ein ehemals kleines Dorf, Eller weit außerhalb und bis 1895 noch zur Bürgermeisterei Hilden gehörig, entwickelte sich in Bilk, Oberbilk und Lierenfeld sowie Flingern ein Industriegebiet, von dem besonders Oberbilk zu einem der größten Produktionsstandorte für Eisen und Stahl seiner Zeit wuchs. In Gerresheim, das Düsseldorf im Mittelalter mit seinem hochadligen Frauenstift an Reichtum und Bedeutung mindestens gleichkam, danach aber auf die Bedeutung einer gerade einmal drittrangigen Landstadt herabgesunken war, gründete Ferdinand Heye 1864 seine Glashütte, die bald zu den bedeutendsten Industriewerken Düsseldorfs und größten Glasfabrikationen im Reich zählen sollte.

Ein weiteres Indiz der Stadtentwicklung sind der Umfang und die Tätigkeit der Stadtverwaltung. 1850 besorgten 30 Stadtverordnete und ein unbesoldeter Beigeordneter – im heutigen Sprachgebrauch Dezernent – die politische Verwaltung; weiterhin wurden ein Polizeiinspektor, dem drei Kommissare sowie ein Dutzend Wachtmeister und Sergeanten zur Seite standen, von der Stadt besoldet. 1913 waren es 57 Stadtverordnete, die Verwaltungszweige wurden von zwölf besoldeten Beigeordneten geleitet und drei Polizeiinspektoren mit 25 Kommissaren und 518 Wachtmeistern kontrollierten das Leben in der Stadt; 1609 Beamte und Angestellte sowie knapp dreieinhalbtausend Arbeiter beschäftigte die Stadt zudem in Gas-, Elektrizitäts- und Wasserwerk, in Schlachthof und Tierkörperverwertungsanstalt, als Bademeister in Hallen- und Freibädern, als Feuerwehrleute in der Berufsfeuerwehr sowie selbstverständlich in der städtischen Verwaltung selber.

Verausgabte die Stadt im Etatjahr 1851 noch gerade einmal 484 000 Mark – davon 30 600 für die städtische Verwaltung – so 1880 bereits über drei Millionen und 1913 stolze 62 700 000 Reichsmark. Die Kommune war zum größten Arbeitgeber der Stadt und zum wichtigsten Dienstleister in den Bereichen Verkehr, Energie- und Wasserversorgung und Entsorgung geworden.

Mit der Eröffnung des Hauptbahnhofes 1891 sowie des Hafens 1896 verfügte die Stadt über günstige Verkehrsanbindungen; mit der Rheinisch-Westfälischen Industrie- und Gewerbe-Ausstellung 1880 und der Industrie- und Gewerbe-Ausstellung für Rheinland, Westfalen und benachbarte Bezirke des Jahres 1902 begründete sie ihren Ruf als zentraler Messeort im Westen des Reiches.

Düsseldorf entwickelte sich in bemerkenswert kurzer Zeit zu einer Großstadt in jedem Sinne dieses Wortes, gleichzeitig auch zu einer ausgesprochen reichen Stadt: Mit den niedrigsten Kommunalsteuersätzen im Westen des Reiches gelang es, Unternehmer, Fabrikanten, Kaufleute und Wohlhabende in die Stadt zu ziehen, so dass die Gemeinde über

Am ruhigen Stiftsplatz hielt sich noch lange eine Ahnung der frühneuzeitlichen Bebauung. (Foto um 1910)

eines der höchsten Steueraufkommen im Lande verfügen konnte. Der Oberbürgermeister hatte in diesen Jahren wenig Anlass, sich über die wirtschaftliche Entwicklung der von ihm regierten Stadt Sorgen zu machen.

Der Optimismus der Stadtverwaltung milderte sich in den Jahren nach der Jahrhundertwende etwas ab. Insbesondere steigende Lebensmittelpreise sowie ein Wohnungsproblem speziell für die einfache Bevölkerung wurden registriert, erstmals trat Unterbeschäftigung auf. Diese Einschränkungen wurden jedoch keinesfalls als bedrohlich wahrgenommen.

Zögerndes Vorwärtstasten

„Mit dem Jahre 1910 liegt keine Zeit schnellen Fortschritts und ausgesprochener Hochkonjunktur hinter uns, sondern vielmehr eine Periode stiller und ruhiger Vorwärtsentwicklung, der nach den zutreffenden Worten des „Deutschen Oekonomist" jenes impulsive Moment fehlte, das den Aufschwungperioden ihren Charakter verleiht. Allenthalben mehr ein vorsichtiges, zögerndes Vorwärtstasten als ein kühnes, sicheres Schreiten; und was an überschüssiger Unternehmungslust vorhanden war, das erfuhr […] erhebliche Abschwächung. Trotzdem stellen sich die Aktiven des Wirtschaftsjahres 1910 weit höher als seine Passiven, und so spiegelt sich auch in … der Düsseldorfer Jahresstatistik eine im großen und ganzen günstige Entwicklung des wirtschaftlichen und sozialen Lebens wieder." (Jahresbericht des Statistischen Amtes für 1910)

Die in der Stadt tonangebenden Leute – Industrielle, Bankiers, Kaufleute sowie die leitenden Beamten der städtischen Verwaltung – kamen zum überwiegenden Teil nicht aus Düsseldorf. Sie waren stolz auf das wirtschaftliche Wachstum und die technischen Errungenschaften, stolz darauf, aus einer behäbigen, vielleicht sogar etwas langweiligen Stadt der Künstler und Grünanlagen eine moderne, aufstrebende Metropole „gemacht" zu haben. Wenn sie auch mit dem historischen Düsseldorf, sofern es nicht als imageförderliche Kulisse taugte, wenig im Sinn hatten, so wussten sie doch, dessen Attribute werbewirksam einzusetzen. In einer Begrüßungsrede im Januar 1901 sprach Oberbürgermeister Marx von *unserer Kunst- und Gartenstadt, die sich rühmt, die industrielle Metropole des Niederrheins zu sein*".

Modellstadt

„Düsseldorf, zu beiden Ufern des Rheins gelegen, ist in der Welt bekannt; sein Ruf ist begründet in der harmonisch ausgeglichenen Vielseitigkeit seines Wesens. Düsseldorf ist einer der schönsten, gesundesten und angenehmsten Wohnplätze des Staates und zugleich ein Vorort deutschen Handels und deutscher Industrie, ist eine Kunststätte von altem, gutem Klang und zugleich ein Gemeinwesen, dessen weitblickende und großzügige Verwaltung es zur „model city" – das Ausland verlieh den Namen – gemacht hat. […] Hier fließen rheinisches und westfälisches Wesen, heitere Lebensfreude und zielbewußte Arbeit, der Geist der Kunst und der Wille zum Schaffen zusammen; hier eint sich der sagenumwobene, rebenumkränzte Rhein mit den Ausläufern der schweren Industrie, dem Herrschaftsgebiete von Kohle und Eisen, das sich in einem Meere von Essen und glühenden Hochöfen von Westfalen zum Norden der Rheinprovinz hinüberzieht." (Düsseldorf als Handels-, Industrie-, Kunst- und Gartenstadt", 1912)

Wichtigste Idee bei der Planung der Städtischen Krankenanstalten war die Überlegung, ein Krankenhaus für alle Teile der Bevölkerung zu besitzen – und nicht nur für die Armen. Maßgeblich war die Verbindung mit einer Akademie für praktische Medizin. (Foto 1908)

Doch viele alte Düsseldorferinnen und Düsseldorfer sahen skeptisch in die Zukunft, sie konnten den vermeintlichen Segnungen der modernen Großstadt wenig abgewinnen. Der evangelische Pfarrer Eugen Funke klagte 1907: *Der Charakter unserer Stadt ist für jeden einsichtigen Betrachter ein anderer geworden. Die Ruhe und Stille, die Behaglichkeit und Einfachheit ist gewichen und hat dem Geist ruhelosen Erwerbens, nervösen Hastens und Jagens Platz machen müssen.*

In der Altstadt wohnten noch viele gebürtige Düsseldorferinnen und Düsseldorfer. Sie sind in der Regel einem kleinbürgerlich-katholischen Umfeld zuzurechnen, eben jenem Milieu, das in der Heimat- und Erinnerungsliteratur der letzten

Jahrzehnte als idyllisches Bild der Düsseldorfer Altstadt vor dem Ersten Weltkrieg gezeichnet wird. Immer mehr gerieten sie in den Jahrzehnten um die Jahrhundertwende zur Minderheit in „ihrer“ Stadt: 1907 waren knapp 60% der Düsseldorfer nicht in der Stadt geboren, nur die Hälfte der Zugewanderten kam aus dem rheinisch-westfälischen Umland. Viele der in den großen Industriebetrieben beschäftigten Arbeiter waren Neu-Düsseldorfer, sie lebten zumeist in der Nähe ihrer Fabriken in Bilk und Oberbilk, Lierenfeld und Flingern. Gewissermaßen frei schwebend zwischen diesen Gruppen der Düsseldorfer Bevölkerung befand sich eine schillernde Bohème aus Malern, Literaten, Musikern und Wirten, welche die Düsseldorfer vor allem des Nachts unterhielten.

Düsseldorfer Nachtleben 1907

„Abends wird die Mehrzahl der Cafés sehr spät geschlossen. Die Polizei überläßt es den Besitzern, was sehr merkwürdig ist. Hier spielen bis drei oder vier Uhr morgens Zigeunerkapellen; hier sitzen schöne, glutäugige Italienerinnen im Nationalkostüm, zupfen an ihren Mandolinen oder Guitarren und erheitern die schweigsamen Gäste durch ihr sonniges Lächeln. An dem Tage, an welchem eine Versammlung von Hüttenbesitzern abgehalten wurde, blieben die Cafés die ganze Nacht hindurch offen; noch um sechs Uhr morgens konnte man hier brave Familienväter sitzen sehen, und die armen Geschöpfe, die dazu da sind, das Publikum zu amüsieren und zum Trinken zu animieren, sanken fast um vor Müdigkeit.“ (Jules Huret)

Düsseldorf vor dem Ersten Weltkrieg: Eine Stadt, die binnen kürzester Zeit zur Großstadt geworden war mit einer Stadtverwaltung, die diese Entwicklung gewiss nicht beherrscht, aber doch mit einigem Erfolg gesteuert, reguliert und gestaltet hatte. Eine Stadt der Eisen- und Stahlindustrie, der Röhren- und Werkzeugfabrikation großen Stils, welche die damit verbundenen sozialen Probleme im Verständnis der Zeit weitgehend kontrollierte. Eine Stadt der mächtigen Verbände und der überörtlichen Verwaltungen, die sie um diese Zeit zum „Schreibtisch des Ruhrgebietes“ werden ließen. Eine Gartenstadt, die mit dem Hofgarten und dem Rheinpark in der Stadtmitte, dem Schwanenspiegel und dem Floragarten südlich davon, dem Zoo und dem Ostpark in den östlichen Stadtgebieten und schließlich mit dem Volksgarten im Oberbilker Industriegebiet tatsächlich großzügige Grünflächen umfasste.

Schließlich eine Stadt mehr der Bohemien denn der Künstler, deren erfolgreichere die Millionäre mit dem von diesen für nötig erachteten Glamour umgaben, deren weniger erfolgreiche mit ihren Kapellen in Kneipen und in Variétés auch die einfache Bevölkerung am Wochenende unterhielten. Der Dichter Herbert Eulenberg (1876–1949) hat dieses Düsseldorf erstmals eine „amerikanische Stadt“ genannt.

> Amerikanischste von unseren Städten,
> wie schwer wird es, im Vers dich aufzufangen,
> in Reime dein chaotisch Bild zu betten,
> ist wohl das kühnste Dichterunterfangen!
> Zyklopisch ragst du in die Zeit hinein,
> wie hingewürfelt zeichnet dich der Rhein […]
> Die Zukunft gilt es drum bei dir zu preisen,
> denn ihr bist du mit Gut und Blut verschrieben,
> du aufgeschossene Stadt aus Stahl und Eisen,
> die wir trotz allem immer wieder lieben.

Weltkriege und Strukturwandel

Erster Weltkrieg

Mit dem Ersten Weltkrieg sollte Europa die „amerikanische Stadt“ wieder zurückgewinnen; es begann eine knapp ein halbes Jahrhundert andauernde Phase, während derer Bürgermeister und Stadtverwaltung, das Management der großen Betriebe sowie deren Arbeiter und (noch wenige) Arbeiterinnen, die gesamte städtische Gesellschaft und Wirtschaft von nationalen, europäischen und weltweiten Krisen geschüttelt wurden. Die Spielräume wurden enger, die selbstbewusste Stadt verlor die Initiative. Die Geschichte Düsseldorfs unterscheidet sich in dieser Hinsicht im Grunde kaum von der anderer Großstädte im Westen des Reiches wie Essen, Duisburg oder Köln.

Düsseldorf war auf den Ersten Weltkrieg weder verwaltungstechnisch-organisatorisch noch wirtschaftlich vorbereitet, seine Bewohner waren wohl bis zur Bekanntmachung des „Zustandes drohender Kriegsgefahr“ durch Anschlagzettel am Abend des 31. Juli 1914 kaum darauf eingestellt. Noch wenige Tage vorher hatten sie ausgelassen das Schützenfest und die Kirmes auf den Oberkasseler Rheinwiesen gefeiert. Waren besonders unter Beamten, Gymnasiasten und Handlungsgehilfen Kriegsbegeisterung und blinde Siegesgewissheit ausgebrochen und erklärte die Firma Henkel ihren Mitarbeitern, dass der Krieg angesichts der hochmodernen Waffentechnik in wenigen Wochen erfolgreich beendet sein würde, so lehnten insbesondere die Düsseldorfer Sozialdemokratie und große Teile der Arbeiterschaft den Krieg ab. Am 29. Juli 1914 haben in Düsseldorf 15–20 000 Menschen gegen den Krieg demonstriert.

Antikriegsdemonstration 1914

„Das war endlich wieder einmal eine **würdige** Demonstration in Düsseldorf! Das waren nicht unreife Burschen aus „Ertüchti-

Eine Menschenmenge vor der Geschäftsstelle des Düsseldorfer General-Anzeigers wartet am 1. August 1914 auf die Bekanntgabe der Kriegserklärung.

gungsvereinen", die von **feigen** Drahtziehern auf die Straße geschickt, die „Stimmung des Volkes" mimten, das waren **ernste Männer** gestern abend in den Versammlungen, Menschen mit Verantwortungsgefühl, die es für Wahnsinn erklärten, daß der österreichischen Abenteurerpolitik wegen hunderttausende Kinder ihre Väter, ungezählte tausende Familien ihrer Ernährer beraubt werden sollten!" (Volkszeitung, 30. 07. 1914)

Auch Gewerbe, Handel und Industrie hatten allen Grund zur Beunruhigung: Verbote, Zensur und Kontrollen beeinträchtigten den alltäglichen Handel und Wandel, der Abzug mehrerer tausend Arbeitskräfte war schwer zu verkraften, die Börse musste zeitweise sogar schließen. Der Wegfall von Import-/Exportgeschäften, die schwierige Verkehrslage sowie der Rückgang im Baugewerbe und in der Produktion von gerade in Düsseldorf bis dahin so gefragten Luxusgütern machten den Betrieben schwer zu schaffen. Dass die Sparer ihr Geld von den Sparkonten abhoben und die Verbraucher Lebensmittel-

Seit dem ersten Kriegswinter waren Lebensmittel knapp; im Sommer 1917 wurde bei Rheinmetall und Mannesmann gestreikt, kurz darauf kam es zu Hungerkrawallen und Plünderungen von Lebensmittelgeschäften.

vorräte anlegten, spricht nicht gerade für einen weit verbreiteten Optimismus in den ersten Kriegstagen.

Im Verein mit den Vorratskäufen der Stadtverwaltung ließen die privaten Hamsterkäufe die Lebensmittelpreise hochschnellen; die unzureichende Unterstützung der Soldatenfamilien bewirkte bereits im Winter 1914/15 Ernährungsprobleme, als man Unterstützungsberechtigte mit 175 Gramm Mehl pro Kopf und Tag versorgte. Da ausreichend Mehl nicht zur Verfügung stand, wurde es mit Kartoffeln gestreckt. Als im Winter 1916/17 die Kartoffeln knapp wurden, streckte man diese mit Steckrüben, bis es im folgenden Winter fast ausschließlich Steckrüben gab. Die Landwirtschaftskammer für die Rheinprovinz lieferte Rezepte für die Zubereitung von *Kohlrübenbrei aus Rüben, Sellerie, Petersilie, Möhren und braungeröstetem Mehl mit etwas Salz und Fett* oder etwa

Kohlrüben ohne Fett, aber mit etwas Zucker und Maggiwürfel.

Ende Juni 1917 kam es zu Hungerkrawallen in der Stadt, bei der Lebensmittelgeschäfte geplündert wurden, am 30. Juni streikten etwa 3500 Rheinmetall- sowie einige hundert Mannesmann-Beschäftigte. Zwar konnten die Streiks durch die Einziehung der Organisatoren und Aktiven an die Front wirkungsvoll gebremst werden, aber angesichts der Tatsache, dass vielen Düsseldorfern auf legalem Wege die ausreichende Versorgung ihrer Familien nicht mehr möglich war, explodierte die Kriminalität; speziell die Eigentums- sowie auch die Sittendelikte nahmen drastisch zu. Das Leben war unsicher geworden: Knapp 10 000 Düsseldorfer Soldaten starben an unmittelbaren und mittelbaren Gefechtsfolgen und selbst unter der Zivilbevölkerung war die Sterblichkeitsquote dramatisch emporgeschnellt, während die Geburtenrate des Jahres 1918 unter 60% derjenigen von 1914 fiel.

Schwieriger Weg in die Republik

Die Lage in Düsseldorf besserte sich mit dem Ende des Krieges und der Ausrufung einer Republik vorerst wenig. Die Stadt hatte sich im Laufe des Krieges zu einem der wichtigsten Zentren der Rüstungsproduktion des Reiches entwickelt, in 532 „kriegswichtigen" Betrieben waren knapp 100 000 Menschen beschäftigt. Rheinmetall, das vor dem Krieg 8000, nach den Einberufungen kurzfristig nur 3400 Arbeiter beschäftigte, hatte 1918 48 000 Beschäftigte in Lohn und Arbeit. Da sich ein großer Teil der Männer im Kriegsdienst befand, waren fast ein Drittel der bei den Rüstungsbetrieben 1918 Arbeitenden Frauen, zusätzlich waren rund 14 000 Ausländer sowie 2000 bis 3000 Kriegsgefangene mit Rüstungsarbeiten beschäftigt. Stellten die Unternehmen keine fünf Jahre zuvor bereits völlig unvorbereitet auf Kriegswirtschaft um, kam die erneute Umstellung für die aufgeblähten Rüstungsbetriebe wiederum unvorhergesehen. Allein Rheinmetall entließ zeitweilig um die 1000 Beschäftigte pro Woche.

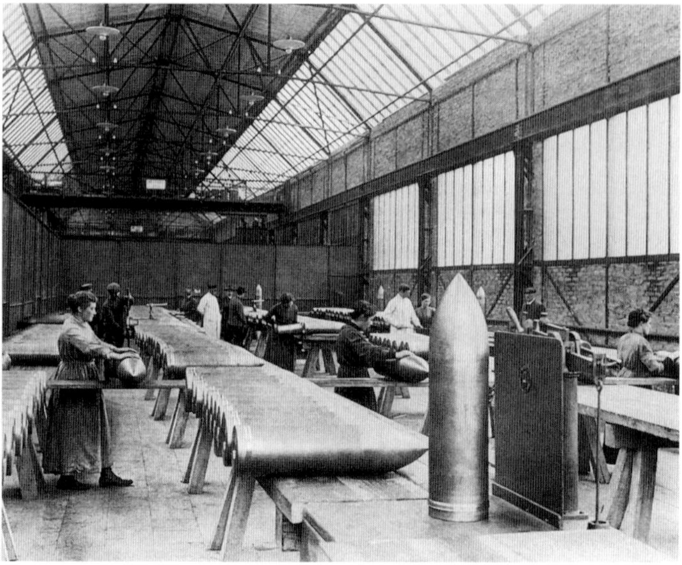

Granatenherstellung bei Mannesmann in Rath, Erster Weltkrieg.

Die Demobilisierung hatte für die Düsseldorfer Arbeitnehmerinnen und Arbeitnehmer einen heillosen Konkurrenzkampf zwischen Kriegsteilnehmern und an der zu Kriegsbeginn ausgerufenen „Heimatfront" Arbeitenden, zwischen vermeintlich „echten" Düsseldorfern und Zugereisten sowie schließlich zwischen Frauen und Männern zur Folge. Zuweilen wurden die Beamten der Erwerbslosenfürsorge und des städtischen „Allgemeinen Arbeitsnachweises" – 1921 zum Arbeitsamt zusammengelegt – von Arbeitssuchenden mit der Waffe bedroht.

Oberkassel, die linksrheinischen Stadtteile sowie die dorthin führenden Brücken wurden von belgischen Truppen besetzt. Im Süden reichte der britisch besetzte „Brückenkopf Köln" bis nach Benrath. Im März 1921 besetzten französische Truppen Düsseldorf sowie Duisburg, Mülheim (Ruhr) und Oberhausen gewissermaßen als „Pfänder" für die vom Reich zu tragenden Kriegsentschädigungen, im Januar 1923 dann das gesamte Ruhrgebiet. Die Franzosen beschlagnahmten fast alle Hotelzimmer, 23 öffentliche Gebäude sowie 25 Wohnhäuser und 3700 Wohnungen in der Stadt.

Während sich zahlreiche Schüler – wenigstens klammheimlich – wohl über den Ausfall des Schulunterrichtes gefreut haben dürften, der mit der Beschlagnahme mehrerer Schulgebäude durch französische Truppen unausweichlich wurde, wuchsen in der Stadt Fremdenfeindlichkeit und Franzosenhass. Die hysterische Furcht vor englischen und französischen Spionen zwang Mildred Mulvany, die Schwiegertochter Thomas Mulvanys, Börsengründer und Initiator des ungemein einflussreichen „Vereins zur Wahrung der gemeinsamen wirtschaftlichen Interessen des Rheinlands und Westfalen" („Langnamverein"), bereits 1914 zum Wegzug; nach dem Krieg richtete sich die Wut speziell gegen die in französischen Truppen dienenden Farbigen. Deren Einsatz in den Besatzungstruppen wurde als Skandal empfunden. Kinder, die solche Soldaten mit „deutschen" Frauen hatten, wurden „Rheinlandbastarde" geschimpft. Nur eineinhalb Jahrzehnte später sollten sie sich der speziellen Verfolgung durch Nationalsozialisten ausgesetzt sehen.

Auf diesem Hintergrund mutet die ungebrochene Freude der Düsseldorferinnen und Düsseldorfer an Wettrennen, Preisschießen, Feuerwerken und Zirkusveranstaltungen, an Theater, Konzerten und Ausstellungen merkwürdig an.

> **Statistisches Jahrbuch 1921:**
> „Beim Beobachten der Statistik für Lustbarkeiten wird man im Hinblick auf die gesteigerte Sinneslust unwillkürlich an die Zustände im römischen Reich erinnert, wo zu Zeiten größter Not das Volk gleichzeitig „Brot und Spiele" verlangte. Einem erheblichen Teil unseres Volkes liegt vor allen Dingen die Vergnügungssucht am Herzen […], während breiteste Schichten nicht wissen, wie sie bei der im Vergleich zum Einkommen gestiegenen Teuerung die Magenfrage lösen sollen."

1922 fanden vor allem Kabaretts und Tanzlustbarkeiten den Zuspruch des Publikums. Wer es sich noch leisten konnte, feierte den *Tanz auf dem Vulkan*. Erst 1923 machte sich die herrschende Not auch in der „Lustbarkeitsstatistik" bemerkbar. Die Bevölkerung, neben den Arbeitslosen vor allem Kleinrentner und Invalidengeldempfänger, kleinere Beamte sowie einfache selbstständige Handwerker, litt unter der ungeheuren Geldentwertung der Hyperinflation. Ein städtischer Angestellter, der 1913 156 Mark verdiente, fand im Januar 1923 141 000 und im Dezember 182 Billionen Mark in seiner Lohntüte, ohne damit die Kaufkraft des letzten Vorkriegsjahres zu erreichen.

In 35 städtischen Volksküchen wurden täglich etwa 10 000 Mittagessen gereicht, mit Schulspeisungen wurden 12 000 Schüler täglich versorgt. Dieser „Währung" konnte die Inflation wenig anhaben, während die in Geld ausbezahlten Unterstützungssätze gar nicht so schnell angehoben werden konnten, wie ihr Wert wieder verfiel. Mit verzweifelter Ironie reagierten die Kommentatoren der Tageszeitungen, wenn sie etwa beklagten, dass Briefe nicht mehr ordentlich zu frankieren wären, weil auf die Umschläge gar nicht alle notwendigen Briefmarken passten.

Seit November 1922 kam es wieder zu Unruhen, Plünderungen und Überfällen auf Lebensmittelgeschäfte und Kartoffeltransporte, die im Oktober/November 1923 eskalierten. Am 14. November wurden Devisenschieber am Hauptbahnhof und an der Schadowstraße von einer aufgebrachten Menge verprügelt, kurz darauf blühten die illegalen Geschäfte mit den inflationssicheren Devisen wieder. Zwei Tage später kam es in allen Teilen der Stadt zu Plünderungen und Schießereien mit der Polizei, Barrikaden wurden errichtet. Erst im Dezember beruhigte sich die Lage in der Stadt, als sich die im gleichen Monat vollzogene Währungsreform auch auf die Düsseldorfer Verhältnisse positiv auswirkte.

Neben der Arbeitslosigkeit und der prekären Versorgungslage kämpfte die Stadt mit einem völlig ruinierten Wohnungsmarkt, der selbst den allernötigsten Bedarf bei weitem nicht zu decken vermochte. Noch Ende 1918 wurde ein städtisches Wohnungsamt gegründet und mit weitreichenden Vollmachten ausgestattet: Wohnraum wurde rationalisiert, beschlagnahmt und umverteilt, ohne die Probleme wirklich zu lösen. Bei 25 000 gemeldeten Wohnungssuchenden galt eine Wohnung erst dann als überfüllt, wenn jedem Erwachsenen weniger als zwei Quadratmeter Fläche in reinen Schlafzimmern oder weniger als drei Quadratmeter in gemischten Wohn- und Schlafzimmern zur Verfügung standen. Während der Stadt vorerst die Mittel fehlten, die Not mehr als nur zu verwalten, waren auch die Mittel der privaten Hausbesitzer zu einem großen Teil durch Krieg und Inflation aufgebraucht.

Noch Mitte der zwanziger Jahre verfügten mehr als 10 000 Haushalte nicht über selbstständige Wohnungen. Zahlreiche Arme hausten in den überbelegten Obdachlosenasylen und Notunterkünften; es entstand eine „Siedlerbewegung“, die unbebaute Plätze der Stadt mit Bretterbuden, Wohnwagen und Baracken „kolonisierte“. Aus einer kostenlosen Zuteilung von Parzellen seitens der Stadtverwaltung entstanden beispielsweise die Siedlungen „Tannenhof“ und „Torfbruch“. Die größten wilden Siedlungen lagen am Hellweg und im Heinefeld, nördlich des Nordfriedhofs, wo 1931 1500–2000 Menschen wohnten.

Trotz aller Sorgen gelangte die Stadt wieder zu überregionaler und internationaler Beachtung und wurde mit der Gründung der Westdeutschen Sozialhygienischen Akademie 1920 sowie der Medizinischen Akademie 1923 auch Wissenschafts- und akademischer Ausbildungsstandort. Noch in die Jahre 1922–24 fiel die Errichtung des Wilhelm-Marx-Hauses, eines der ersten Bürohochhäuser Deutschlands, 1923–25 wurde das Rheinstadion gebaut, wo im September 1925 der erst im April gewählte Reichspräsident Hindenburg vor 50 000 Zuschauern die Düsseldorferinnen und Düsseldorfer anlässlich des Abzuges der französischen Besatzungstruppen im August begrüßte. Die Stadt baute das Elektrizitätswerk aus und eröffnete den Flughafen. Im November 1927 wurde erstmals nach dem Krieg ein Generalbebauungsplan für die Stadt vorgelegt und die Bahnanlagen der Stadt durch Beseitigung der Kopfbahnsteige sowie durch die kreuzungsfreie Führung der Geleise neu gestaltet. Mit der Niederlassung der Vereinigten Stahlwerke (Vestag), einem Zusammenschluss von sieben Unternehmen mit insgesamt etwa 200 000 Beschäftigten, kam die Konzernspitze des damals größten Unternehmens der Branche und festigte den Ruf Düsseldorfs als „Schreibtisch des Ruhrgebietes“.

Der Gewinn an überörtlicher Bedeutung und die steigenden Einwohnerzahlen veranlassten die Stadtspitze, nach 1908/09 erneut eine großzügige Erweiterung des Stadtgebietes ins Auge zu fassen. Bereits im April 1922 hatten die Städte Düsseldorf, Duisburg und Essen großräumige Eingemeindungen eingefordert.

Eingemeindungsepidemie

„Da es nun der Zufall will, daß an der Spitze der rheinisch-westfälischen Großstädte lauter Oberbürgermeister stehen, die in dem Städtewettbewerb das A und O ihrer Kommunalpolitik und in der Errichtung von kommunalen Großfürstentümern mit Stadt- und Landvolk ihr Selbstverwaltungsideal sehen und es daher verkörpern wollen, so ist das Unglück geschehen. Adenauer will vom Kölner Dom aus bis Worringen zeigen können: ‚Das Land, soweit du siehst, ist mein.‘ Unser Oberbürgermeister [Lehr] stellt sich natürlich auf das Marxhaus und spricht in Gedanken mit einem sehnsüchtigen Blick nach Benrath, Hilden und Kaiserswerth frei nach Schiller: ‚Dies alles ist mir untertänig!‘“ (Isaac Thalheimer)

Kaiserswerth, Ratingen, Erkrath, Hilden bis nach Monheim sowie Meerbusch und Uedesheim bis Dormagen standen auf der Wunschliste Düsseldorfer Eingemeindungen. Tatsächlich peilte Oberbürgermeister Robert Lehr gar die Eingemeindung der Stadt Neuss an. Dem Widerstand der betroffenen Gemeinden begegnete Lehr beispielsweise in Benrath und Reisholz mit beträchtlichen Versprechungen an die Firmen Henkel, Demag und das Press- und Walzwerk Reisholz, wo die Hälfte aller in der Gemeinde Benrath Beschäftigten ihr Brot ver-

Eingemeindungen 1908/09 bis 1929. Innerhalb weniger Jahre erweiterte sich die Stadt bis 1929 etwa auf das heutige Terrain, wenn auch etwa in Kaiserswerth im Norden, in Gerresheim im Osten und in Benrath im Süden der Stadt bis heute ein Eigenbewusstsein erhalten blieb. ▷

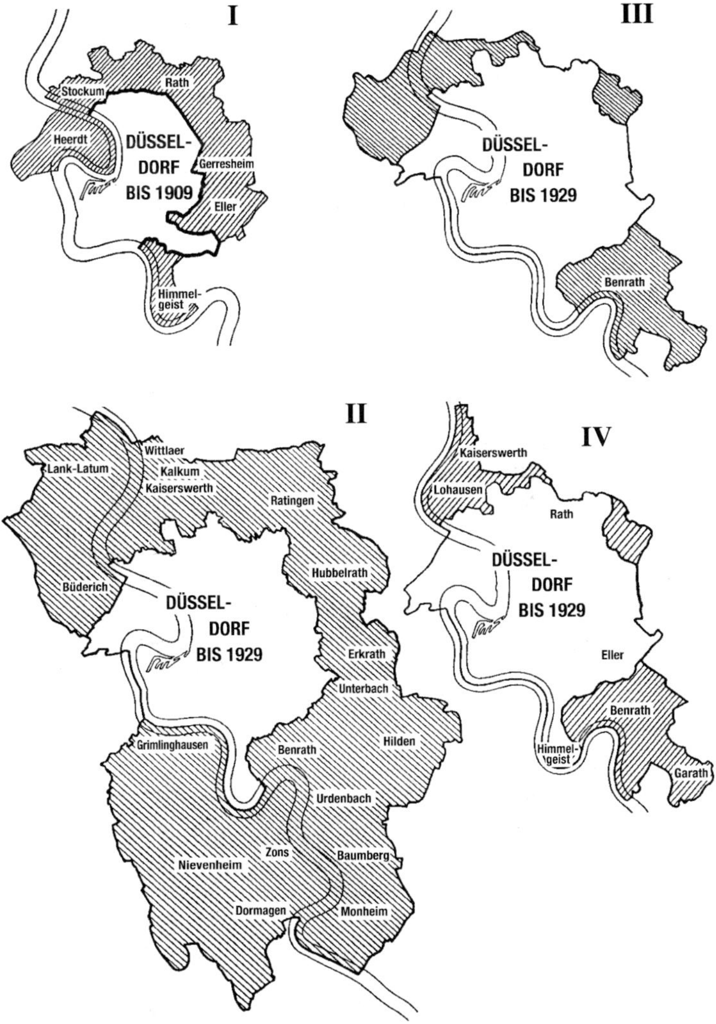

Stadterweiterung von 1909 - 1929

I Eingemeindung von 1909

II Forderung der Stadtverwaltung zur Eingemeindung von 1929

III Vorschlag der Regierung zur Eingemeindung von 1929

IV Stadtgebiet nach der Eingemeindung von 1929

Eingemeindete Gebiete — Zur Eingemeindung vorgeschlagene Gebiete dienten. Auch der Beitritt des bis dahin parteilosen Lehr zur Deutschnationalen Volkspartei (DNVP) diente nicht zuletzt der Rückendeckung seiner Politik der Eingemeindungen.

Kritischer waren die höheren am Gesetzgebungsverfahren zur kommunalen Neugliederung der Rheinprovinz beteiligten Stellen: Der preußische Staatsrat unter dem Vorsitz des Kölner Oberbürgermeisters Konrad Adenauer hatte bei zahlreichen eingemeindungswilligen Großstädten Abstriche vorgesehen, Düsseldorf sollte weitestgehend bei seiner bisherigen Größe belassen werden. Überdies war ein Gutachten der Düsseldorfer Industrie- und Handelskammer zu dem Schluss gekommen, dass eine wesentlich bescheidenere Eingemeindung vorteilhafter sei. Eine Bewirtung hoher Gäste aus Berlin in den Rheinterrassen einschließlich festlicher Illumination der Oberkasseler Rheinbrücke dürfte schließlich dazu beigetragen haben, dass am 29. Juli 1922 ein Gesetz verabschiedet wurde, mit dem man in Düsseldorf zufrieden sein konnte: Eingemeindet wurden die Landgemeinden Benrath und Garath im Süden, die Landgemeinde Lohausen, die Stadtgemeinde Kaiserswerth sowie Teile der Landgemeinden Wittlaer und Kalkum im Norden und Teile der Landgemeinden Erkrath, Ludenberg, Schwarzbach und Eckkamp im Osten der Stadt, womit sich das Stadtgebiet um etwa ein Drittel seines Umfanges vergrößerte.

GeSoLei

Vor allem die „Große Ausstellung Düsseldorf 1926 für Gesundheitspflege, soziale Fürsorge und Leibesübungen“ (GeSoLei) vom 8. Mai bis zum 17. Oktober 1926 erregte großes Aufsehen. Die Ausstellung wurde 7,5 Millionen Male besucht; von 148 Ausstellungsbauten hinterließ sie die Gebäude des Ehrenhofes, in dem 1928 das Reichsmuseum für Gesellschafts- und Wirtschaftskunde, dann das Landesmuseum für Volk und Wirtschaft, seit 1998 NRW-Forum Kultur und Wirtschaft eröffnet wurde, die Rheinterrassen sowie die Rheinhalle (Planetarium), die heutige Tonhalle. Vom „Verband akademischer

Zeichenlehrer der Rheinprovinz“ bis zum „Internationalen Kongress der Bäckerei-Arbeiterverbände der Welt“ trafen sich 400 Verbände und Vereine zu Tagungen und Kongressen in Düsseldorf. Die Reichsbahn hatte die Besucher mit 395 außerfahrplanmäßigen Zügen nach Düsseldorf gebracht, von etwa dreieinhalb Millionen auswärtigen Besuchern übernachteten über 100 000 in der Stadt: Es war ein gewaltiges Geschäft nicht nur für den Fremdenverkehr; auch die Industrie- und Handelskammer berichtete Oberbürgermeister Lehr von günstigen Geschäftsabschlüssen mit ausländischen Geschäftspartnern: Niederländische und amerikanische Besucher reisten besonders zahlreich an.

Oberbürgermeister Lehr resümiert die GeSoLei

„Was wir erreicht haben, das hat neulich der Newyorker Vertreter eines großen deutschen Verbandes mit einem amerikanischen Geschäftsausdruck bezeichnet, als er unseren propagandistischen Erfolg in die Worte zusammenfaßte: Sie haben Düsseldorf wieder auf die Landkarte gebracht. Und ohne unbescheiden zu sein, darf ich nach dem Erfolge unserer Ausstellung wohl sagen: Wir verwalten wieder ein Erbe, das Erbe der Ausstellungs- und Kongreß-Stadt Düsseldorf. Mit einem großen Schlage ist das Verlorene wiedergewonnen, neuer Zukunft der bessere und leichtere Weg geebnet worden. [...] Deshalb darf ich glauben, daß auch Sie heute sich mit uns freuen, wenn der Idealismus den Sieg behält über Zweifelsucht, Zaghaftigkeit, Mißmut und Krittelei, sich mit uns freuen in der Erkenntnis, daß es hier um mehr ging, als um das Wohl der Stadt Düsseldorf, nämlich um einen starken geistigen und seelischen Aufschwung des deutschen Menschen, der nach all den Jahren des Leidens einer Wiederaufrichtung zu Mut, Vertrauen und schöpferischer Heiterkeit bedurfte. Möge der Erfolg Düsseldorfs Glück bedeuten unserer Heimat, Glück bedeuten unserem Vaterlande!“

Die GeSoLei zeigte in technisch-wissenschaftlicher Hinsicht den „state of the art“. Das Ausstellungsmanagement darf als wegweisend gelten: Sie erreichte eine Breitenwirkung, die sich als werbewirksam und imageträchtig sogar für Zigarettenreklame erwies, was bei einer speziell der Gesundheit gewidmeten Ausstellung immerhin bemerkenswert ist. In der historischen Bewertung aber wird man nicht übersehen dürfen, dass sie nicht eine demokratische Moderne, sondern vaterländische Ertüchtigung propagierte; dass sie – auch hierin ein Kind ihrer Väter, allen voran Lehr – *einen starken geistigen und seelischen Aufschwung des deutschen Menschen*, nicht jedoch den der Bürgerinnen und Bürger der ersten deutschen Republik anstrebte.

Normalisierung der Gewalt

Die soeben geschilderten Erfolge der Stadtverwaltung und des Oberbürgermeisters Lehr in der Entwicklung der Stadt dürfen nicht darüber hinwegtäuschen, dass das Fundament für eine andauernde Aufwärtsentwicklung kein solides war. Trotz Halbierung der Arbeitslosenziffer von etwa 12 000 im Jahre 1923 auf etwa 6000 1925 konstatierte der Jahresbericht des Statistischen Amtes für dieses Jahr eine *Wirtschaftskrisis, die gegen Ende des Berichtsjahres wie ein gewaltiger Orkan auch an den stärksten Gebäuden in Produktion und Handel arg gerüttelt hat, und alles, was nicht niet- und nagelfest war, einfach hinwegfegte.*

Innerhalb eines Jahres vervierfachte sich die Arbeitslosenziffer auf über 25 000 am 30. Juni 1926. In den Jahren der Weltwirtschaftskrise seit 1929 schnellte die Zahl der Erwerbslosen erneut in die Höhe. 1933 war schließlich jeder vierte Erwerbstätige der Stadt ohne Arbeit. Im Januar 1931 unterstützte das Wohlfahrtsamt bereits 20 500 Haushalte, davon mehr als die Hälfte solche so genannter „Wohlfahrtserwerbsloser“; ein Verhältnis, das sich weiter verschieben sollte. Mit andauernder Arbeitslosigkeit wurde somit auch die finanzielle Situation der Kommunen stetig prekärer, da der Anteil der Arbeitslosen, die nicht mehr staatliche Leistungen bezogen, sondern auf die kommunale Wohlfahrtspflege angewiesen waren, zunahm. Mit der steigenden (Dauer-) Arbeitslosigkeit verschlechterten sich zudem die Reallöhne der Beschäftigten, so dass Armut, die tägliche Sorge um die eigene Existenz, wieder zu einem Dauerzustand in zahlreichen Haushalten wurde.

Nicht allein bezüglich wirtschaftlicher Umstände gewöhnten sich die Menschen in der Stadt an eine „Normalität", die keine war: Gewalt wurde seit der Mitte der 1920er-Jahre zu einer alltäglichen Umgangsform in Düsseldorf. Im Februar 1926 stürmten 30 bis 40 Anhänger der „Nationalen Jugend Düsseldorf" die Bühne der Tonhalle, um ein Gastkonzert einer vermeintlich italienischen Sängerin zu verhindern; sie beschimpften das Publikum, beim Abzug verprügelten sie einen Polizisten. Eine Serie von Mordanschlägen, der zwischen Februar 1929 und Mai 1930 acht Menschen zum Opfer fielen, erregte die Gemüter: Allein 200 Selbstanzeigen – darunter auch die des Mörders Peter Kürten – erreichten die Polizei. Vermeintliche Hellseher, Telepathen und andere dienten der hilflosen Kriminalpolizei ihre Unterstützung an, die Tagespresse berichtete ausführlich über den Stand der Dinge; nur einige Jahre später sollten die entsetzlichsten Verbrechen, verübt im Namen des Staates und der Partei, im Namen einer vermeintlichen „deutschen Ehre" und schwachsinniger Weise gar „deutschen Blutes" mit Gleichmut und Zynismus kommentiert werden.

Regelmäßig kam es zu Schlägereien zwischen Kommunisten, dem „Stahlhelm", der nationalsozialistischen SA sowie weiteren nationalistischen Verbänden und der Polizei. Ein falsches Wort, eine missverstandene Geste lösten Massenschlägereien, Messerstechereien und auch Schießereien aus. Am 11. August 1929 wurde die Synagoge an der Kasernenstraße mit „Juda verreck!" beschmiert, auf dem Bürgersteig vor dem Hohenzollerngymnasium stand „Nieder mit der Judenverfassung!" zu lesen. Seit 1931/32 wurden die zumeist jugendlichen Schläger der nationalsozialistischen SA tonangebend.

Umso mehr ist hervorzuheben, dass die Düsseldorfer NSDAP ihre ersten Wahlerfolge im gutbürgerlichen, protestantischen Milieu erzielte, etwa in der Friedrichstadt, in der Gegend am Ständehaus/Floragarten oder in Golzheim. Bei den Reichstagswahlen im September 1930 erreichten die Nationalsozialisten knapp 40 000 Stimmen (13,6%) in Düsseldorf. Dieser Anteil sollte sich noch erheblich steigern: Über ein Viertel der Düsseldorfer Wahlberechtigten gab bei den

Reichspräsidentenwahlen im März und April 1932 Adolf Hitler seine Stimme; die Reichstagswahlen im September des Jahres machten die NSDAP mit 84548 Wählerinnen und Wählern zur stärksten Partei in Düsseldorf. Dass die Politik der Nationalsozialisten auch in Düsseldorf von einem größeren Teil der Bevölkerung wenn nicht ausdrücklich begrüßt, so doch gutgeheißen wurde, vermag die Abstimmung vom 12. November 1933 zu verdeutlichen, die allerdings alles andere als eine demokratische Wahl darstellte: Von knapp 350000 abgegebenen Stimmen entfielen mehr als 314000 auf die Liste der NSDAP; nur knapp 65000 Wähler, etwa 17%, haben gegen die Liste gestimmt oder sich enthalten.

„Gleichschaltung", Verfolgung, Ermordung

Die ersten Jahre nationalsozialistischer Politik sind von dem Vorgang geprägt, der bereits zeitgenössisch „Gleichschaltung" genannt wurde. Diejenigen bürgerlichen Parteien, die nicht ohnehin bereits mit den Nationalsozialisten kooperierten, haben frühzeitig resigniert; im Juli 1933 löste sich die Zentrumspartei selber auf und das ihr nahestehende „Düsseldorfer Tageblatt" bekannte: *Christlicher Glaube, Sitte und deutsche Zucht sind wieder zu den Fundamenten der Volksgemeinschaft geworden. Es wäre sonderbar, wenn der katholische Deutsche in solcher Volksgemeinschaft nicht auch ohne die Krücke einer Partei den ihm zukommenden Platz herausfände und zugewiesen erhielt.*

Sozialdemokraten und vor allem Kommunisten litten unter brutaler Verfolgung. Bereits im Mai 1933 wurden bei einer Razzia unter Beteiligung von 3500 Mann aus Polizei, SA und SS rund 380 Personen, zumeist Kommunisten, verhaftet. Die gesamte, bis dahin relativ unabhängige Infrastruktur des Arbeitermilieus mit Sport- und Gesangvereinen unterlag Repressalien und Verboten. Bei regelmäßigen Folterungen der Verhafteten erwarb sich SA-Führer Lohbeck, der im Keller unter dem Restaurant Schlegelbrauerei auf der Bismarckstraße seine „Verhöre" abhielt, einen besonders grausamen Ruf.

Es folgte die Gleichschaltung des bürgerlichen Milieus, der Bürger- und Heimat-, Schützen-, Karnevals- und Sportvereine. In diesem Prozess führte eine Gemengelage aus freiwilliger Anpassung, sanftem und zuweilen härterem Druck nach und nach zur Einführung des „Führerprinzips" in den Vereinen, zur Berufung dieser „Führer" durch Parteistellen, zum Ausschluss von „Nichtariern" und Ausländern erst aus Führungspositionen, dann ganz aus den Vereinen sowie zur Annahme nationalsozialistischer Satzungen. Der 1934 erstmals seit 1930 wieder stattfindende Rosenmontagszug stand unter dem bezeichnenden Motto „Alles onger ene Hot".

Nach den letzten Wahlen zum Stadtparlament am 12. März 1933 übertrug dieses in seiner ersten Sitzung am 4. April einem Hauptausschuss sämtliche Geschäfte und machte sich damit selbst überflüssig. In derselben Sitzung ernannten die Stadtverordneten Adolf Hitler zum Ehrenbürger. Insgesamt 102 städtische Bedienstete wurden entlassen. Oberbürgermeister Lehr sagten die Nationalsozialisten die Beteiligung an einer Korruptionsaffäre nach, bis April 1945 sollte er noch vier Amtsnachfolger haben. In den leitenden Positionen der Stadtverwaltung fanden dem Umfang nach lediglich relativ zurückhaltende Änderungen statt, dagegen wurden im mittleren und unteren Bereich mehrere hundert Parteianhänger zusätzlich eingestellt. Lange vorbereitete Spar- und Rationalisierungsmaßnahmen auf der einen Seite sowie die Erfüllung der Ansprüche zahlreicher NS-Parteigenossen auf eine gute Versorgung in städtischen Ämtern auf der anderen waren jedoch kaum zu bewältigen.

Die Gewerkschaften wurden am 2. Mai 1933, nachdem ein Tag zuvor erstmals der „Tag der nationalen Arbeit" zum reichsweiten Feiertag ausgerufen worden war, aufgelöst und in die nationalsozialistische Deutsche Arbeitsfront (DAF) zwangseingegliedert. Nachdem Regierungspräsident Schmid den Gaupropagandaleiter Hermann Brouwers zum „Kommissar für den Arbeitsfrieden" ernannt hatte, setzte dieser per Briefwechsel mit den Unternehmensleitungen missliebige Betriebsräte ab und genehme Aktivisten der nationalsozialistischen Betriebszellenorganisation (NSBO) an deren Stelle ein.

Dem Geheimen Staatspolizeiamt des preußischen Ministerpräsidenten Göring wurden die Abteilungen IA bei den Polizeipräsidenten, die politische Polizei der Weimarer Zeit, unterstellt. Zwar verblieb die Staatspolizei bei den Polizeipräsidenten, in der Sache war sie nun jedoch Weisungen aus Berlin unterworfen. Bereits im Februar 1933 leitete der Nationalsozialist Sommer die Abteilung IA im Düsseldorfer Polizeipräsidium, im Mai wurde der SS-Gruppenführer Weitzel Polizeipräsident. Die Verbindung von Partei – Weitzel war enger Vertrauter des Gauleiters Florian – SS und Polizei verdichtete sich zusätzlich mit dem Aufbau eines eigenen Geheimdienstes der SS, dem Sicherheitsdienst (SD), seit 1934. Weitzel wurde schließlich Führer des SD-Oberabschnittes West. Neben den polizeilichen und geheimdienstlichen Repressionsapparaten, deren Führung Weitzel in Personalunion auf sich vereinigt hatte, konnte die Staatspolizei auf die Mithilfe der SA, der NSBO/DAF, städtischer Ämter, der Post sowie der NSDAP mit ihren Verästelungen in alle Lebensbereiche rechnen. Trotzdem war nur ein Bruchteil der dort bearbeiteten „Fälle" auf die selbstständigen Ermittlungen dieser Behörde zurückzuführen. Die Staatspolizei war geradezu darauf spezialisiert, Denunziationen zu bearbeiten. Das Angebot wurde in Düsseldorf dankbar angenommen: Ein erheblicher Teil der eingegangenen Anzeigen gründet auf den Versuch, in privaten Streitigkeiten eine bessere Position zu gewinnen, indem Streitgegner bei der Staatspolizei denunziert wurden.

Die Nationalsozialisten verfolgten, misshandelten und ermordeten nicht nur ihre politischen Gegner. Einer menschenverachtenden Verfolgung und Vernichtung fielen auch all jene zum Opfer, die in den Begriffen der rassistischen Ideologie „rassisch" oder „erblich" für „unrein" befunden wurden: Homosexuelle, Behinderte, Geisteskranke, Sinti und Roma sowie in einem kaum mehr vorstellbaren Umfang Juden. 1933 zählte die Düsseldorfer jüdische Gemeinde 5093 Menschen, 1945 nur noch 57. Bereits seit Februar 1933 zogen Demonstrationen mit dem Ruf „Juda verrecke" durch die Stadt, ergänzt durch Boykotte gegen jüdische Geschäfte, Ärzte und Rechtsanwälte. Frühzeitig erwarb sich Düsseldorf den Ruf besonders radikaler Maßnahmen der Judenverfolgung, die deutlich über das Maß der in anderen rheinischen Städten gepflegten Verfemungen, Belästigungen, Gewalttaten und anderer Widerwärtigkeiten hinausging. Jüdische Hausbesitzer und Geschäftsleute waren zum Verkauf ihres Eigentums weit unter dessen Wert gezwungen worden.

„Entjudung"

„Neben den geschilderten großen Aufgaben war das deutsche Wirtschaftsleben im vergangenen Jahr noch besonders gekennzeichnet durch die besitzmäßigen Umschichtungen, die im Zuge der Entjudung der deutschen Wirtschaft erfolgten. Für den Einzelhandel konnten die Entjudungsarbeiten am Jahresschluß weitgehend als beendet bezeichnet werden. In der Produktionswirtschaft und im Großhandel wird das neue Jahr den Abschluß bringen. Es ist eine nicht immer leichte Aufgabe, diese Umschichtungen so zu leiten, daß sie der volkswirtschaftlichen Aufgabenstellung und den privatwirtschaftlichen Interessen des einzelnen Betriebes gerecht werden und zugleich Aussicht auf Bestand bieten. Nach Beendung der Entjudung wird die deutsche Wirtschaft noch stärker als bisher als ein einheitliches und geschlossenes Gefüge der politischen Führung für die Durchführung der von ihr gestellten Aufgaben zur Verfügung stehen."
(Jahresbericht der Industrie- und Handelskammer 1938)

Im November 1938 leiteten die Nationalsozialisten eine neue Phase der Gewalttaten gegen Juden ein, die mit dem später „Reichskristallnacht" genannten brutalen Pogrom einsetzte: Aus Verzweiflung über die Behandlung der polnischen Juden im Reich hatte der in Hannover geborene und mit polnischem Pass illegal in Paris lebende Herschel Feibel Grynszpan ein Attentat auf den Legationssekretär Ernst vom Rath verübt. Der Tod vom Raths wurde zwei Tage später um neun Uhr abends der in München versammelten nationalsozialistischen Führungsclique bekannt. Kurz darauf erreichten Anweisungen über durchzuführende „Aktionen" flächendeckend fast alle Orte im Reich. Das fürchterliche Pogrom, das in der Nacht vom 9. auf den 10. November auch in Düsseldorf tobte, begann gegen zehn Uhr abends mit einer Demonstration,

Nicht nur mit dem unter dem Namen „Reichskristallnacht“ bekannt gewordenen antisemitischen Pogrom in der Nacht vom 9. auf den 10. November 1938 erwarb sich die Stadt den Ruf besonders brutalen antisemitschen Vorgehens.

gegen halb elf begannen die Zerstörungen. Die Düsseldorfer Gauleitung hatte einen Zeitplan vorbereitet, der um vier Uhr die Brandstiftung an den Synagogen, um sechs Uhr die Verwüstung jüdischer Geschäfte im Stadtzentrum, um acht Uhr derjenigen in den Vororten sowie das Ende des Pogroms um 13 Uhr vorsah.

Der kommissarische Oberbürgermeister, Dr. Otto, soll die Zerstörung eines jüdischen Geschäftes auf der Königsallee angeführt haben, auch Ärzte und Landgerichtsräte waren neben grölenden und nicht selten betrunkenen SA-Schlägern an den Ausschreitungen beteiligt. Mindestens acht Menschen kamen in dieser Nacht ums Leben, erheblich mehr um ihre Gesundheit. Der tobende Mob brannte die große Synagoge an der Kasernenstraße ebenso nieder wie diejenige der Ostjuden an der Kreuzstraße, einen Tag später auch die Benrather Synagoge. Die Wohnungseinrichtungen jüdischer Haushalte wurden zerschlagen und auf die Straße geschmissen. Viele

Opfer wurden geschlagen und getreten; zahlreiche anschließend verhaftet und in das Konzentrationslager Dachau deportiert. Ernst vom Rath, der in Frankfurt geboren wurde, in Bonn studiert hatte und 1932 in Berlin der NSDAP, im nächsten Jahr der SA beigetreten war, wurde mit einem feierlichen Staatsbegräbnis in Anwesenheit Adolf Hitlers am 17. November 1938 auf dem Düsseldorfer Nordfriedhof, neben dem Grab seines Großvaters, beigesetzt.

Noch 1941 lebten 1400 Jüdinnen und Juden in 800 Haushalten in der Stadt, keines ihrer Kinder ging mehr in einen Düsseldorfer Kindergarten oder Schule. Seit September dieses Jahres waren sie verpflichtet, sich mit dem gelben Stern gekennzeichnet in der Öffentlichkeit zu bewegen. Seit Oktober 1941 wurden die Düsseldorfer Juden in mehreren Deportationen in Lager nach Łódź, Minsk und Riga deportiert, Sammelstelle war zynischerweise der Schlachthof auf der Rather Straße.

Die Düsseldorferinnen und Düsseldorfer wussten sich abzulenken: Etwa 250 000 Gäste sollen die „festlichen Sommertage“ 1939 besucht haben, darunter zahlreiche Niederländer, Belgier und Franzosen. Zwölf Tage und ebenso viele Nächte wurde auf der Königsallee und der Festwiese im Volksgarten getanzt. Das letzte Festwochenende hatte eine besondere Attraktion parat: Der Europa-Palast zeigte die Uraufführung der Schneider Wibbel-Verfilmung. An diesem Wochenende fand auch eine Verdunkelungsübung statt; keine Laterne erleuchtete die nächtliche Stadt, kein Straßenbahn- oder Autoverkehr sollte stattfinden, die Verwendung von Taschenlampen auf den stockfinsteren Straßen war ebenfalls untersagt: Es muss ein gespenstischer Heimweg nach dem heiteren Kinoabend gewesen sein. Eine Woche später, am 27. August 1939 um sechs Uhr morgens, wurde dem Oberbürgermeister die Einführung der Bezugsscheinpflicht für Lebensmittel, um neun Uhr abends die Einrichtung eines Ernährungsamtes telegrafisch angewiesen.

Zweiter Weltkrieg

Der mit dem Überfall der deutschen Wehrmacht auf Polen am 1. September 1939 begonnene Zweite Weltkrieg traf die Stadt, ihre Bürgerinnen und Bürger, die Stadtverwaltung und die Betriebe nicht unvorbereitet. Die „erfolgreichen" Blitzkriege, die weitgehend reibungslos verlaufende Versorgung der Bevölkerung sowie die Abwesenheit einer öffentlich vernehmbaren Opposition, die Furcht vor Denunziation und die Gewöhnung und Anpassung weiter Kreise der städtischen Bevölkerung sorgten vorerst für einen oberflächlich „normalen" Fortgang des Lebens derjenigen Menschen, die nicht bereits ihrer „Rasse" oder ihrer Weltanschauung wegen zu Opfern des Nationalsozialismus geworden waren. Dies sollte sich erst mit der schweren Bombardierung Düsseldorfs seit 1942 ändern.

Am 1. August 1942 fand der erste Großangriff auf Düsseldorf aus der Luft statt. 1000 Brände loderten in der Stadt, die nicht einmal zur Hälfte von der Berufsfeuerwehr bekämpft

Auf der zur „Schlageterallee" umbenannten Königsallee vor dem Gebäude der Deutschen Bank feierten Hunderte Düsseldorfer im Juni 1940 die Kapitulation Belgiens und den Kriegseintritt Italiens.

werden konnten. Während der Löscharbeiten erreichte eine weitere Angriffswelle die Stadt, bei der vier Männer der Luftschutzpolizei ums Leben kamen. Die Zahl der Toten ist nicht bekannt, es gab 138 Schwer-, 579 Leichtverletzte sowie viele über Nacht obdachlos gewordene Menschen zu beklagen.

1. August 1942

„Die weitaus größte Zahl der ums Leben gekommenen Personen ist an den Einsturzschadensstellen zu verzeichnen. Die Personen, die meist tief unter den Trümmern verschüttet waren, wurden entweder durch die herabstürzenden Trümmer erschlagen oder erstickten infolge der Staub- und Rauchentwicklung und mangelnder Luftzufuhr. Viele Personen waren bis zur Unkenntlichkeit zerstückelt und waren vielfach durch die unter den Trümmern herrschenden Brände stark verkohlt. Von den z. Zt. noch als vermißt gemeldeten 4 Personen wurden Leichenteile geborgen, die jedoch von der Kriminalpolizei noch nicht als die vollzähligen Bestandteile von 4 Personen identifiziert werden konnten. Man kann annehmen, daß die noch fehlenden Teile vollkommen verbrannt sind. Den eingesetzten Kräften kostete es einige Überwindung, diese Leichen, die nach kurzer Zeit schon stark in Verwesung übergegangen waren, zu bergen. Die Ausgabe von Alkohol und Rauchwaren an diese Kräfte war dringend erforderlich." (Abschlussbericht des Polizeipräsidenten Korreng)

Noch knapp drei Jahre lang sollten die Luftangriffe andauern. Am 2. März 1945 nahmen amerikanische Truppen Neuss, am nächsten Tag Oberkassel ein; zuvor waren die Rheinbrücken durch deutsche Soldaten gesprengt worden. Die Stadt wurde nun über den Rhein hinweg mit Infanteriegeschützen beschossen. Während zwei Düsseldorfer Widerstandsgruppen Vorbereitungen trafen, der Stadt und den noch dort verbliebenen etwa 185 000 Menschen weitere sinnlose Zerstörungen zu ersparen und Düsseldorf kampflos an die amerikanischen Truppen zu übergeben, wollte Gauleiter Florian *die Fahne des Widerstands aufpflanzen und unbeeinflußt vom Geschwätz und Gejammer der Schwachen unseren fanatischen Kampf für die Erhaltung des Reiches und die Sicherung unserer nationalen und sozialistischen Volksgemeinschaft fortfüh-*

ren. Dann wird der Tag kommen, da wir alles deutsche Land, das uns entrissen wurde, wieder heimholen werden.

Am 28. März 1945, Oberbürgermeister Carl Haidn hatte die Stadt bereits in einer Uniform des Roten Kreuzes verlassen, rief Florian zur Räumung der Stadt und zur Zerstörung aller noch vorhandenen wichtigen Einrichtungen, vom Wasserwerk bis zum Flughafen, auf; der Aufruf wurde allerdings nicht mehr gedruckt. Noch am 4. April wurde Werner Keyssner zum neuen Oberbürgermeister der weitgehend zerstörten und militärisch unhaltbaren Stadt ernannt. Während zwei Mitglieder der Düsseldorfer „Antifaschistischen Kampforganisation" (Antifako) des Nachts mit einem Boot über den Rhein setzten, um die dort stationierten Amerikaner zur Besetzung der Stadt zu bewegen, versuchte eine andere Gruppe unter Mitarbeit des Polizei-Oberstleutnants Jürgens, den Polizeipräsidenten Korreng zu verhaften und den Polizeitruppen der Stadt die kampflose Übergabe an die Amerikaner anzuordnen.

Obwohl Polizeipräsident Korreng von Florian und seinen Leuten wieder befreit wurde, schlugen sich zwei Mitglieder dieser Gruppe zu den amerikanischen Linien kurz hinter Hubbelrath durch und überzeugten die Amerikaner schließlich, Düsseldorf ohne weitere Kampfhandlungen einzunehmen. Noch am 15. April 1945, zwei Tage vor der Befreiung der Stadt durch amerikanische Infanterie, wurde der 72-jährige jüdische Düsseldorfer Moritz Sommer am Oberbilker Markt erhängt.

Am 17. April besetzte die 97. US-Infanteriedivision den rechtsrheinischen Teil der Stadt; der Oberstleutnant der Polizei Franz Jürgens sowie Karl Kleppe, Hermann Weill, Josef Knab und Theodor Andresen waren noch am Vortag standgerichtlich zum Tode verurteilt und unmittelbar anschließend erschossen worden. Die Antifako hatte – ohne von der Kontaktnahme mit den Amerikanern jener Gruppe zu wissen – kurz vor dem Einmarsch der Amerikaner Flugblätter verteilt, in denen die Bevölkerung zur Ruhe und Mitarbeit mit den Besatzern aufgefordert wurde. Die Besetzung Düsseldorfs verlief ohne weitere Gefechte.

Nach dem „Pfingstangriff“ 1943: Nachrichten auf den Wänden der zerstörten Häuser sollen Angehörige und Bekannte über den Verbleib der Ausgebombten informieren.

Nachkriegszeit

Die schnell wieder nach Düsseldorf zurückkehrende Bevölkerung unterzubringen und zu versorgen, stellte angesichts der weitgehend zerstörten Verkehrswege ein kaum zu lösendes Problem dar. Die Ernährungslage war katastrophal: Im Winter 1945/46 betrug die Lebensmittelration für „Normalverbraucher“ 1000 Kalorien; Milch, Käse, Eier, Butter oder Fleisch waren kaum zu bekommen. Im nächsten Winter verhinderte der starke Frost die Anlieferung von Lebensmitteln über die Wasserwege; da die Versorgung mit Heizmaterial ebenfalls den Bedarf bei weitem nicht deckte, wurden zwei Drittel der Düsseldorfer Straßenbäume verheizt.

Ein Mann geht durch die Stadt
„Sand zwischen den Zähnen. Sand in den Schuhen. Mörtelschutt. Staub. Schmutz. Jeder Windhauch, bei so viel Sonne, wirbelt das hoch. […] Wir sind frei. Im August findet das statt, was man die erste „Wohnungserhebung" nennt; im Dezember wird das Vieh gezählt. Beamte, Angestellte und Arbeiter der Stadtverwaltung sind genau so viele wie zu Beginn des Krieges. (Sieh an.) In Düsseldorf werden 2000 Kinder geboren, 600 sind unehelich, 5000 Menschen sterben. Ein Mann geht durch die Stadt. Er sieht eine Frau auf der Straße in sich zusammenfallen. Sie ist verhungert, sagt der Arzt. Von 1200 Lungentuberkulosen sterben 229. 45 000 Menschen leben in Bunkern. Die Stadt ist zur Hälfte zerstört, 158 Quadratkilometer. Zehn Millionen Kubikmeter Schutt. Jeder Windhauch wirbelt Sand, Mörtel und Staub auf. Es knirscht zwischen den Zähnen." (Rolf Bongs)

Fast ein Viertel der Düsseldorfer Volksschüler hatte keine eigenen Schuhe und konnte im Winter nicht zur Schule kommen, wo überdies kaum geheizt wurde, zumal noch in zahlreichen Klassenzimmern die Fensterscheiben nicht instandgesetzt waren. Mit der Währungsreform im Juni 1948 besserten sich zwar die Verhältnisse, doch waren die Mängel keinesfalls mit einem Schlag aus der Welt. Erst zum April 1950 wurde das städtische Ernährungsamt, und mit ihm die Lebensmittelbewirtschaftung, aufgelöst; noch im Dezember dieses Jahres mussten die Weihnachtsferien in Düsseldorfer Schulen wegen Kohlemangels um eine Woche verlängert werden.

Evakuierte Schulkinder, entlassene Kriegsgefangene und zurückkehrende Soldaten, dienstverpflichtete Jugendliche und Arbeiter aus verlegten Betrieben kehrten massenweise zurück nach Düsseldorf, in *eine Stadt, in der Tausende von Menschen in Bunkern und Kellern wohnten, … eine Stadt, in der Hunger und Not herrschten und Verwahrlosung und Demoralisierung zu einer immer größeren Unsicherheit führten, eine Stadt, in der primitivste Regeln der Hygiene nicht mehr beachtet werden konnten, in der die notwendigsten Gebrauchsgegenstände fehlten und selbst keine Särge für die Toten vorhanden waren.*

Nach Einstellung der Kampfhandlungen befanden sich

von 550 000 Düsseldorferinnen und Düsseldorfern des Jahres 1939 gerade noch 185 000, vorwiegend Frauen und alte Menschen, in der Stadt. Am 15. Juni 1945 waren bereits wieder 234 000 Menschen in Düsseldorf, Weihnachten zählte man 386 000. Neben der Versorgung der hungernden und frierenden Bevölkerung mit Lebensmitteln, Bekleidung und Heizung mangelte es überhaupt an bewohnbaren Häusern. Die Stadt legte ein Wohnungsnotprogramm auf, das die provisorische Ausbesserung beschädigten Wohnraums förderte; zehntausende Häuser wurden „winterfest" gemacht; darüber hinaus wurden in Luftschutzbunkern Notwohnungen eingerichtet. Bevor neue Häuser gebaut werden konnten, musste der Schutt der zerbombten beseitigt werden: Bis 1949 waren es 1,5 Millionen Kubikmeter. Am Aachener Platz – wo sich heute das Freizeitgelände an der Ulenbergstraße befindet – entstand ein Schuttberg von 30 Metern Höhe.

Erst 1948 begann eine Phase, in der in größerem Umfang neue Häuser gebaut wurden, was durch die Aufhebung der Zuteilungspflicht von Baustoffen 1951 erheblich unterstützt wurde. Da der Zuzug nach Düsseldorf aber weiter anhielt, dauerte es noch lange, bis sich die Wohnungsverhältnisse nachhaltig besserten. Im Jahr 1952 konnten erstmals nach dem Krieg mehr Wohnungen fertig gestellt werden, als für die Unterbringung der hinzuziehenden Menschen benötigt wurden. Bis dahin hatte die Situation höchstens stabilisiert, nicht aber verbessert werden können. Erst 17 Jahre nach Kriegsende, 1962 – Düsseldorf verzeichnete mit über 705 000 Einwohnern den Rekordstand seiner Geschichte –, war ein Bestand von Wohnräumen erreicht worden, wie ihn die Statistik vor dem Zweiten Weltkrieg auswies. Zu Neujahr 1968 wurde schließlich die Wohnraumbewirtschaftung für Düsseldorf aufgehoben.

Anfänge des politischen Lebens

Unmittelbar nach Einnahme der Stadt durch amerikanische Truppen am 17. April 1945 begannen deren Befehlshaber, die

Stadtverwaltung zu rekonstruieren: Am 18. April setzten sie den bisherigen Stadtkämmerer Füllenbach auf den Ratschlag katholischer Geistlicher als Oberbürgermeister ein und beauftragten ihn, geeignete Leute zu seiner Unterstützung heranzuziehen. Füllenbach, der bis 1933 dem Zentrum angehörte, und die von ihm berufene katholisch-bürgerlich geprägte Stadtregierung waren nicht unumstritten, insbesondere die Vertretung der Arbeiterschaft sowie die Angehörigen der Antifako fühlten sich übergangen. Die am 10.–12. Juni 1945 die Besatzung übernehmenden Briten setzten im Oktober den Sozialdemokraten Walter Kolb als Oberbürgermeister ein.

Bereits im Sommer und Herbst 1945 bildeten sich politische Parteien in Düsseldorf. Die anfangs überparteiliche, später kommunistisch dominierte Antifa-Bewegung spielte seitdem in den politischen Auseinandersetzungen in der Stadt kaum mehr als eine Nebenrolle. Die ersten Kommunalwahlen im Oktober 1946 machten die in Düsseldorf von dem ehemaligen Oberbürgermeister Lehr, den ehemaligen Zentrumsangehörigen Walter Hensel und Karl Arnold sowie dem IHK-Präsidenten Josef Wilden maßgeblich neu gegründete CDU zum Sieger. Die Stadtverordnetenversammlung wählte Arnold, der 1947 Ministerpräsident des neuen Landes Nordrhein-Westfalen wurde, einstimmig gegen eine kommunistische Stimme zum Oberbürgermeister. Bis 1956 blieb die CDU, gefolgt von der SPD, die stärkste Partei im Stadtparlament, wo es allerdings bereits 1946 zu einer intensiven Zusammenarbeit beider Fraktionen, die später einmal „Fraktion Düsseldorf“ getauft werden sollte, kam.

Mit der Gründung des Landes Nordrhein-Westfalen im Sommer 1946 sollte Düsseldorf die Hauptstadt des einwohnerstärksten Bundeslandes der 1949 mit Verabschiedung des Grundgesetzes und der ersten Bundestagswahl gegründeten Bundesrepublik werden. Die britischen Militärbehörden hatten in Düsseldorf, das weit weniger von Kriegszerstörungen betroffen war als Köln oder die Städte des Ruhrgebietes, sehr bald zahlreiche Besatzungsbehörden, vor allem solche zur Kontrolle der Eisen- und Stahlindustrie, eingerichtet. In dieser Hinsicht an den Vorkriegsruf eines „Schreibtisches des Ruhrgebiets“ anknüpfend, verfügte Düsseldorf als Sitz einer Bezirksregierung sowie als ehemalige Gauhauptstadt über eine verwaltungstechnische Infrastruktur, die der Ernennung zur Landeshauptstadt förderlich war. Die Stadt hingegen, im September 1946 zur Bereitstellung von über 1000 Räumen für die Landesregierung aufgefordert, war wenig von dem neuen Status angetan, der vorerst weit mehr als zusätzliche Belastung denn als zukunftsweisende Chance begriffen wurde.

Anknüpfen an das „normale Leben“

Die Kirchengemeinden, die Sportvereine, das erwachende Kunst- und Kulturleben sowie vor allem die vorsichtig wiederauflebenden brauchtümlichen Feierlichkeiten vermochten die Not nicht zu lindern, doch sie konnten helfen, einen in vielfacher Hinsicht als chaotisch empfundenen Alltag erträglicher zu gestalten, an alte Gewohnheiten anzuknüpfen, Zusammengehörigkeitsgefühl zu erleben und so einen kurzen Moment der Ruhe zu bieten. Nachdem Ende Oktober 1945 mehr als 10 000 Besucher eine Ausstellung von Martinslampen besucht hatten und es der Stadt gelungen war, 60 000 Kinder mit einem Weckmann und einem Apfel zu bescheren, konnte am Abend des 10. November der traditionelle Martinsumzug durch die Altstadt erstmals seit 1938 wieder stattfinden. 80 Waisen in Konzentrationslagern ermordeter Häftlinge sowie Gefallener des Krieges erlebten eine Bescherung im Rathaus.

1. Martinsfest nach dem Krieg

„O Kinderseligkeit, die auch uns Große mitreißt in das glückhaft selige Land früher Tage. Wir werden die Trümmer vergessen und wie Kinder das Licht sehen, das schon immer Sinnbild von Beginn und Freude war. […] Gerade Sankt Martin hat uns heute viel zu sagen. Er ruft uns zu: „Seht ihr sie nicht, die links und rechts neben euch arbeiten und die so vieles, vielleicht alles verloren haben?“ Martinsabend, Tag des Lichtes und der Güte. Entzündet heute die Fackeln der hilfsbereiten Liebe an seinem Licht und tragt sie hinein in den Alltag!“ (NRZ, 10. Nov. 1945)

Die Heimkehr des Reiterstandbilds Jan Wellems auf den Marktplatz und das kurz zuvor mit einem Laternenumzug gefeierte Martinsfest im Herbst 1945 markieren wichtige Momente der gewünschten Rückkehr zur Vorkriegsnormalität.

Nur zwei Wochen später wurde auf die Initiative eines englischen Kunstschutzoffiziers das in einen Stollen bei Gerresheim ausgelagerte Jan-Wellem-Standbild in einem gewaltigen Festzug wieder auf den Marktplatz geleitet. Tausende begleiteten den Zug durch die festlich geschmückte Stadt, am folgenden Wochenende wurde die neuerliche Enthüllung des Denkmals gefeiert. Im Juli 1946 trafen sich Schützen und Bevölkerung erstmals nach dem Krieg wieder zur Kirmes auf dem Staufenplatz. Im Februar 1950 – ein Jahr später als in Köln – fand der mit 40 Wagen, 500 Musikern in 40 Kapellen und 50 Fußtruppen bereits stattlich besetzte erste Rosenmontagszug nach dem Krieg statt, den eine halbe Million Besucher gesehen haben sollen.

Obdachlosigkeit und Hunger sowie die Sorge um die vermissten Familienangehörigen, Bekannten und Nachbarn prägten die Stimmung in dieser Katastrophengesellschaft unmittelbar nach Ende der Kriegshandlungen. Neben der Sicherung ihrer nackten Existenz wünschten sich die Düsseldorferinnen und Düsseldorfer die Rückkehr zu einer unspektakulären und berechenbaren Normalität; die Auseinandersetzung mit den fürchterlichen Verbrechen, die Nationalsozialisten und Wehrmacht im Namen des deutschen Volkes in ganz Europa verübt hatten, wollten nur wenige auf sich nehmen. Außer den volkstümlichen Festen des Brauchtums gelang es dem Sport, insbesondere dem Fußball, von der gegenwärtigen Not sowie den zurückliegenden Verbrechen abzulenken.

Zwar hatten die „Royal Engineers" das Sportgelände am Flinger Broich in Beschlag genommen, doch stellten sie es bereits am 5. September 1945 für ein von 12 000 Zuschauern besuchtes Fußballspiel zwischen der Düsseldorfer Fortuna und Soldaten der englischen 53. Division zur Verfügung. Am 2. Dezember spielte eine Düsseldorfer Stadtauswahl im Rheinstadion gegen die Soldatenmannschaft. Besondere Bedeutung für den Wunsch vieler Deutscher, mit der Vergangenheit abzuschließen und das Adjektiv „deutsch" nicht mehr ausschließlich mit Nazi-Verbrechen, Krieg und Not assoziiert zu sehen, hatte der unerwartete Gewinn der Fußballweltmeisterschaft in Bern 1954. Als der Düsseldorfer Torwart der Weltmeister, Toni Turek, am 8. Juli in seiner Heimatstadt eintraf, erwarteten und feierten ihn dort 200 000 Menschen. Sie hatten die Straßen *geschmückt wie zum Schützenfest. Überall sah man Fahnen und Girlanden. In den Fenstern hingen Trauben von Menschen, und an manchen Stellen gab es einen Konfettiregen wie am Rosenmontag.*

Oberbürgermeister Gockeln veranstaltete am nächsten Tag für Torwart Turek, Masseur Deuser sowie den Mannschaftsarzt Loogen, die drei Düsseldorfer der Meistermannschaft, einen offiziellen Empfang der Stadt. Dem im Radiokommentar des Endspiels als „Fußballgott" gefeierten Torwart verehrte der Oberbürgermeister einen Teppich, damit er sich von den *Strapazen der Popularität* erholen und *noch mehr Behaglichkeit in seine Wohnung* bringen könne.

Wirtschaftswunderstadt

Mit dem Ende der unmittelbaren Nachkriegszeit begann auch in Düsseldorf ein rascher wirtschaftlicher Aufschwung, in dessen Folge die städtische Gesellschaft einem nachhaltigen Wandel unterlag. Vollbeschäftigung und steigende Reallöhne auf der einen sowie politisch hinreichend stabile und demokratische Verhältnisse auf der anderen Seite sind die letztlich für die gesamte Bundesrepublik, wenn nicht für Westeuropa, kennzeichnenden Merkmale der Zeit des so genannten „Wirtschaftswunders".

Zu Beginn der fünfziger Jahre hatte die Stadt sowohl den Bevölkerungs- als auch den Produktionsstand der Vorkriegszeit wieder erreicht; bereits um diese Zeit wurden die Flächen zur Ansiedlung weiterer Industrien knapp, so dass erste Abwanderungen in die umliegenden Gemeinden verzeichnet wurden. Zwar blieb die metallverarbeitende Industrie ein gewichtiger Faktor des Düsseldorfer Wirtschaftslebens, doch die gerade in diesem Bereich stattfindenden Demontagen begünstigten einen Modernisierungs- und Rationalisierungsschub sowie den Strukturwandel, den die Stadtverwaltung mit der Ansiedlung neuer Betriebe in der Stadt betrieb.

So waren 1945 die Feldmühle aus Stettin, ein Jahr nach der „Neuansiedler-Ausstellung" des Jahres 1948 die Auto-Union (DKW) aus Zwickau nach Düsseldorf umgesiedelt. An die Tradition der zwanziger Jahre anknüpfend, wurde die Stadt Sitz zahlreicher Verbände und Konzernspitzen; 1951 hatten bereits 223 Verbände ihren Hauptsitz in Düsseldorf genommen. Eine durchaus neue Entwicklung ergab sich im Bankgewerbe: Angezogen durch die Landeszentralbank des Landes Nordrhein-Westfalen, die zur größten und wichtigsten Niederlassung der 1957 gegründeten Bundesbank wurde, der Rheinisch-Westfälischen Börse und der 1969 gegründeten Westdeutschen Landesbank ließen sich zahlreiche Banken in der Stadt nieder; die Stadt entwickelte sich zum zentralen Banken- und Börsenplatz der rheinisch-westfälischen Industrie.

Die Düsseldorfer Bevölkerung wuchs bis 1962/63 stetig auf über 700 000 Einwohner, wobei der Zuzug seit Beginn der fünfziger Jahre kontinuierlich weniger wurde. Konnte das Statistische Amt 1951 noch einen Wanderungsgewinn von mehr als 30 000 Neu-Düsseldorfern verzeichnen, so hatte sich diese Zahl in nur sechs Jahren auf ein Drittel reduziert, seit 1960/61 stagnierten die Wanderungsgewinne. Gleichzeitig setzte ein Auswanderungstrend ein, bei dem die Stadt in den Jahren von 1958 bis 1974 allein 40 000 Bürgerinnen und Bürger an den Kreis Mettmann sowie jeweils weit mehr als 20 000 an den Kreis Grevenbroich und den Rhein-Wupper-Kreis verlor. Die Erschließung neuer Wohngebiete war nur noch weit außerhalb des Stadtkerns möglich, wie etwa in Eller, Lichtenbroich und Lörick; das umfangreichste Wohngebiet wurde seit 1959 in Garath errichtet, wo im wörtlichen Sinne auf der grünen Wiese eine Satellitenstadt für rund 30 000 Menschen in 7500 Wohnungen entstand. Mit der Eingemeindung von Angermund, Wittlaer, Hubbelrath sowie Teilen von Hilden vergrößerte sich die Stadt im Jahre 1975 erneut, die Eingemeindung von Monheim und Baumberg wurde kurz darauf wieder rückgängig gemacht.

Düsseldorf wurde zu einer Stadt der Pendler: Zwischen 1950 und 1970 hatte sich die Zahl der nicht in Düsseldorf wohnenden, aber hier arbeitenden Menschen von 27 000 auf 115 000 mehr als vervierfacht; damit war rund ein Viertel der Erwerbstätigen nicht mehr in der Stadt zu Hause. Gleichzeitig lebten immer weniger Menschen in der Altstadt, die sich zu einem Vergnügungsviertel von überregionaler Bedeutung entwickelte, und in der von Geschäften, Kaufhäusern und Büros geprägten Innenstadt zwischen Königsallee und Hauptbahnhof. 1960 kamen in diesem Bezirk auf jeden dort Wohnenden drei Beschäftigte, im zentralen City-Bereich hatte die Wohnbevölkerung zwischen 1939 und 1961 um über 100 Menschen pro Hektar abgenommen.

Neugestaltung nach Kriegsplänen

Im Laufe der fünfziger Jahre erhielt dieser Teil der Stadt auch baulich ein weitestgehend neues Aussehen. Die Vorbereitungen für den Aufbau der deutschen Städte hatten jedoch bereits lange vorher begonnen: 1943 hatte Hitlers Kriegsminister, der Architekt Albert Speer, einen Arbeitsstab für den Wiederaufbau eingerichtet. Der „Reichsarchitekt der Hitlerjugend“, Hanns Dustmann, meldete im März 1945 nach Berlin, dass er in Absprache mit Gauleiter Florian die Planung für den Wiederaufbau Düsseldorfs in Grundzügen abgeschlossen habe.

Mit der Berufung Walter Köngeters zum Baudezernenten der Stadt, der 1946 den seit 1938 amtierenden Leiter des Stadtplanungs- und Vermessungsamtes Karl Riemann durch Bernhard Düttmann ersetzte, sollten die noch während des Krieges getroffenen Planungen vorerst von der Agenda verschwinden. Düttmann schwebte ein Konzept vor, das an die Kunst- und Gartenstadt-Traditionen anknüpfte: Eine von motorisiertem Individualverkehr befreite Innenstadt mit Theatern und Museen, Tagungs- und Ausstellungsgebäuden sowie einzelnen Geschäften sollte von einem großzügigen Ring von Grünanlagen umgeben werden, der nach Nordosten über den Zoo bis in den Grafenberger Wald, im Süden über den Floragarten bis in einen zu schaffenden Südpark reichen sollte. Das zu errichtende Düsseldorf sollte nicht durch Straßen, sondern durch Gärten, nicht von den Verkehrsströmen, sondern von Erholungszonen gegliedert werden.

Solche Ideen stießen auf den unmittelbar und heftig vorgetragenen Widerstand des Vereins der Haus- und Grundbesitzer, die keinesfalls gewillt waren, gewinnträchtiges Bauland im spekulativ interessantesten Innenstadtbereich für Grünanlagen herzugeben. Nachdem der Baudezernent Köngeter sein Amt aufgab, um eine Professur an der Kunstakademie wahrzunehmen, berief dessen Nachfolger daher Friedrich Tamms zum Nachfolger Düttmanns und Leiter des städtischen Planungsamtes; Tamms blieb bis 1970 Planungs- und Baudezernent der Stadt.

Tamms, dessen Residenz in einem Flügel des Ratinger Tors in Düsseldorf bald „Onkel Tamms Hütte" genannt werden sollte, hatte als Architekt bei Errichtung der Reichsautobahn mitgewirkt sowie Albert Speers Arbeitsstab für den Wiederaufbau angehört. Im großen Unterschied zu Düttmann war Tamms Verkehrsplaner, den Verkehr hielt er für *die vitalste aller Kräfte, die in einer Gemeinschaft durch sie erzeugt werden.* Zudem hatte er begriffen, dass sich die notwendigerweise weitreichenden Planungen nur dann politisch durchsetzen ließen, wenn die betroffenen Interessengruppen frühzeitig beteiligt würden; regelmäßig pflegte er den Kontakt zur IHK und Handwerkskammer, dem Bund deutscher Architekten, den Gewerkschaften, den zuständigen Landesministerien sowie nicht zuletzt dem Verein der Haus- und Grundbesitzer. Im Oktober 1949 stellte er seinen „Neuordnungsplan" schließlich in einer großen und rege besuchten Ausstellung der Öffentlichkeit vor.

Fachlich ließ sich Tamms von Kollegen beraten, die ebenfalls dem Arbeitsstab von Speer angehört hatten. Darunter befand sich auch der bereits erwähnte Hanns Dustmann, der die Wiederaufbauplanungen seit 1943 verfolgte. In Opposition dazu schlossen sich im Oktober 1949 zumeist jüngere Düsseldorfer Architekten zusammen, die nicht zuletzt neue architektonische und ästhetische Formen für eine neu zu errichtende demokratische Gesellschaft forderten und in diesem Zusammenhang auch die Ablösung jener Planer und Architekten, die in den 1930er-Jahren maßgeblich an der Formulierung einer nationalsozialistischen Architektur beteiligt waren. Insbesondere die Berufung des ehemaligen Bauleiters der Deutschen Arbeitsfront und ebenfalls Mitglied des Speerschen Arbeitsstabes für den Wiederaufbau, Julius Schulte-Frohlinden, zum Leiter des städtischen Hochbauamtes rief ihren heftigen Protest hervor.

Stadtplanung und Wiederaufbau waren somit eine eminent politische Angelegenheit, an der die Düsseldorferinnen und Düsseldorfer großes Interesse zeigten. Die am 1. Oktober 1949 eröffnete Ausstellung der Neuordnungsplanungen im Kunstpalast am Ehrenhof wurde an manchen Terminen von bis zu 2000 Menschen besucht und musste schließlich, nachdem sie ursprünglich am 16. Oktober hätte schließen sollen, bis zum 31. Oktober verlängert werden. Bis zum Dezember hagelte es mehr als 250 Einsprüche gegen die Planung.

Waren auch die Interessen der Verbände und Interessengruppen im Vorfeld in die Planungen einbezogen worden, so gab es doch zahlreiche Geschäftsinhaber und Grundstücksbesitzer, die sich benachteiligt fühlten und sich zum Teil in Bürgerinitiativen zusammenschlossen, um sich zumindest die höchstmöglichen Entschädigungen zu sichern. Zum anderen gab es die Einsprüche der oppositionellen Architekten, die neben ihrer Forderung nach einer grundsätzlichen Neuorientierung der deutschen Architektur nicht zuletzt beweisen wollten, dass sie über die schlüssigeren Konzepte und die praktikableren Lösungen verfügten. Auf einer dritten Ebene schließlich liegt die von den Bürger- und Heimatvereinen getragene Kritik, die sich auf die Bewahrung wenigstens der Teile des Stadtbildes berief, die angesichts der Zerstörungen überhaupt noch zu retten waren. Einschneidende Veränderungen des Bildes einer Stadt rührten an tiefe Gefühle der Heimatverbundenheit, die Argumenten einer rationalen Verkehrsführung angesichts der Zerstörung von symbolisch aufgeladenen Orten nicht folgen wollten.

Mit der Berliner Allee und der Immermannstraße wurden zwei komplett neue Straßenzüge quer durch die Trümmergrundstücke gelegt. An dem Knotenpunkt, wo diese beiden Straßen mit der erheblich verbreiterten Schadowstraße und der nach Norden weiterführenden Fischerstraße zusammentrafen, wurde mit dem Jan-Wellem-Platz und der heftig bekämpften Hochstraße eine Lösung gefunden, der nach ersten Plänen die Bucht der Landskrone im Hofgarten zum Opfer hätte fallen sollen. Gegen die massiven Proteste der Bürger- und Heimatvereine indes war eine städtische Verkehrsplanung, die auch nur Teile des die biedermeierliche Gartenstadt repräsentierenden Hofgartens aufzugeben bereit war, nicht durchzusetzen. Nicht zuletzt eine Demonstration mit über 10 000 Teilnehmern im Januar 1961 bewegte schließlich den Rat der Stadt zu einer Modifizierung der Pläne und zum Erhalt der Landskrone.

Mit dem Bau der Berliner Allee 1955 mitten durch die Trümmergrundstücke wurden die Reste des älteren Stadtbildes im südlichen Innenstadtbezirk vollständig beseitigt.

Der 1950 vom Stadtrat beschlossene Neuordnungsplan sah für die Durchführung der vorgesehenen Projekte einen Zeitraum von 30 Jahren vor. Nach dem nordrhein-westfälischen Wiederaufbaugesetz von 1952 dauerte es noch fünf Jahre, bis Friedrich Tamms 1957 den ersten Bebauungsleitplan vorlegen konnte. Am 23. September 1960 schließlich wurde die Berliner Allee durch den Regierenden Bürgermeister des Westteils Berlins, Willy Brandt, feierlich eingeweiht. Es dauerte vier weitere Jahre, bis sich mit dem neuen Bau der Stadt-Sparkasse die letzte größere Baulücke an der neuen Geschäftsstraße schloss, nachdem 1962 die Hochstraße am Jan-Wellem-Platz dem Verkehr übergeben worden war. Im Bereich Schadow-/Martin-Luther-Platz entstanden die ersten reinen Fußgängerzonen der Bundesrepublik, wie sie heute das Bild der Einkaufszonen fast aller kleineren und größeren Städte bestimmen. Neben der Straßenführung in der Innenstadt sind zwei weitere heute das äußere Bild der Stadt wesentlich bestimmende Faktoren zu benennen: Die Düsseldorfer Brücken sowie die die Silhouette prägenden Hochhäuser.

Die Düsseldorfer Brückenfamilie

In Konzeption und Einzelgestaltung geht sie wesentlich auf Friedrich Tamms zurück, der ursprünglich vier Brücken über den Rhein vorgesehen hatte. Noch im Dezember 1945 begannen die Aufbauarbeiten an der Oberkasseler Brücke, über die seit Februar 1948 der Verkehr wieder fließen konnte. Im November 1951 war auch die Brücke nach Neuss, die Südbrücke, wiederhergestellt. Die erste neue Rheinquerung entstand seit 1954 nördlich des Rheinparks; die 1957 fertiggestellte Nordbrücke wurde im Januar 1964 nach dem ersten Bundespräsidenten und Ehrenbürger Düsseldorfs „Theodor-Heuss-Brücke" benannt. Nachdem im Oktober 1969 die Kniebrücke dem Verkehr übergeben werden konnte, begannen die Arbeiten an einer neuen Oberkasseler Brücke, die einige Meter südlich ihrer späteren Lage gebaut, fertiggestellt und provisorisch 1974 freigegeben wurde, um in einer spektakulären Aktion im April 1976 mit ihrem Gesamtgewicht von rund 12 000 Tonnen und dem 100 Meter hohen Pylon um 50 Meter in ihre endgültige Lage verschoben zu werden. Im November 1979 bekam die Düsseldorfer Brückenfamilie mit der die Autobahn 46 über den Rhein führenden Fleher Brücke im Süden sowie mit der 2002 dem Verkehr auf der Autobahn 44 übergebenen Flughafenbrücke im Norden ihre jüngsten Angehörigen.

Außer den Rheinbrücken entwarf der Stadtplaner Tamms auch innerstädtische Brücken, die Hochstraßen – wie die

„Tausendfüßler“ genannte und inzwischen zum Baudenkmal erklärte Hochstraße am Jan-Wellem-Platz –, eine viel beachtete Lösung. Schließlich gehört die Errichtung zahlreicher Hochbauten für die Erscheinung jeder Großstadt zu den zentralen stadtbildprägenden Vorgängen und wurde damit eine Frage des Prestiges in der Konkurrenz unter den Großstädten. Tamms benutzte in dieser Hinsicht das Wort von der „dritten Dimension“, nämlich der Höhe, die planerisch miteinzubeziehen sei. Das bekannteste Düsseldorfer Hochhaus, zumindest der sechziger bis achtziger Jahre, war das Verwaltungs-

Die Hochstraße („Tausendfüßler“) und das Bürohochhaus der Phoenix-Rheinrohr („Dreischeibenhaus“) am Zusammentreffen der Berliner Allee mit der Immermann- und der Schadowstraße verkörpern Friedrich Tamms Idee der dritten Dimension. (Foto 1967)

gebäude der Phoenix-Rheinrohr, das „Dreischeibenhaus“ am Jan-Wellem-Platz. Das knapp 100 Meter hohe Gebäude erlangte kurz nach seiner Fertigstellung im Mai 1960 den Status eines Wahrzeichens der Stadt; allein im Jahr 1964 erwähnte es die internationale Presse 367mal. 1957 wurden die Börse und das Haus der IHK am Martin-Luther-Platz sowie das Gebäude der Landesversicherungsanstalt am Kirchplatz, welches 19 Jahre später mit dann 120 Metern Höhe wieder neu eröffnet wurde, fertiggestellt, im folgenden Jahr auch das Mannesmann-Haus am Rheinufer.

Düsseldorf ist in den 50er- und frühen 60er-Jahren zu ganz erheblichen Teilen nicht „wieder-“ aufgebaut, sondern neu errichtet worden. Mit Ausnahme des Wilhelm-Marx-Hauses gab es vor dem Krieg keines der Hochhäuser, die heute die Silhouette der Stadt prägen; die höchsten Gebäude waren Kirchen.

Wiederum ist es vor allem wirtschaftliche Macht, die Macht der großen Stahlkonzerne Mannesmann und Thyssen, die von solchen Bauwerken repräsentiert wird, während die Anlage eines Regierungsviertels, wie es nun zwischen der gleichsam im Schatten des Mannesmann-Hochhauses befindlichen ehemaligen Staatskanzlei und dem neuen Landtag auf dem Gelände des zugeschütteten Berger Hafens sich abzeichnet, die Stadtplaner in den 1950er- und 1960er-Jahren wenig beschäftigte. Noch in einer vom Presseamt zu Beginn der sechziger Jahre herausgegebenen Broschüre, in der die Leistungen der Stadt beim Wiederaufbau werbewirksam präsentiert wurden, fand die Landeshauptstadt nur eine völlig untergeordnete Erwähnung, während der Düsseldorfer Erfindung der Wasserspielplätze eine bebilderte Doppelseite gewidmet war.

Die Stadt, zu deren liebsten Attributen „modern“ und „elegant“ avancierten, zog ihr bereits wieder kräftiges Selbstbewusstsein nicht aus ihrer Geschichte: In einem 1960 ausgeschriebenen Ideenwettbewerb für die städtebauliche und architektonische Neuordnung zwischen Maxkirche und Burgplatz erhielt ein Vorschlag den ersten Preis, der ein 165 Meter hohes Hochhaus in drei Türmen am Rhein vorsah, woneben das 1961 renovierte alte Rathaus und das Jan-Wellem-Denkmal, deren Erhalt in der Ausschreibung immerhin gefordert wurde, reichlich skurril gewirkt hätten. 1967 wurden die Pläne hinfällig.

Strukturwandel

Seit dem Höchststand der Einwohnerzahl mit 705 391 1962 ist die Zahl der in der Stadt lebenden Menschen bis in die späten 1980er-Jahre kontinuierlich gesunken: bei der Volkszählung des Jahres 1970 wurden 663 586, 17 Jahre später 563 531 Düsseldorferinnen und Düsseldorfer gezählt; seitdem ist die Zahl stabilisiert und wieder leicht übertroffen worden.

Um den Wandel von einer Industriestadt zu einer Stadt von Verwaltung, Dienstleistung und Handel hinreichend einzuordnen, ist aber eine weitere Zahl – insbesondere angesichts der seit den 1960er-Jahren gewaltig gesteigerten Mobilität – ins Auge zu fassen: Die Lage zwischen dem Ruhrgebiet und dem Köln-Bonner Raum bedeutet, dass heute, 2006, im Einzugsbereich von 50 Kilometern etwa neun Millionen, innerhalb von 150 Kilometern etwa 30 Millionen Menschen leben.

Die Universitätsgründung auf der Grundlage der Medizinischen Akademie in den 1960er-Jahren hätte die Stadt vermutlich kaum bemerkt, wenn sich nicht die Hochschule über Jahrzehnte beharrlich geweigert hätte, Heinrich Heine als Namenspatron anzunehmen. Viel mehr bewegte die Stadt der rapide Umschwung der gewerblichen Struktur: Noch 1970 waren 41% der Beschäftigten im verarbeitenden Gewerbe – insbesondere in der Stahlbranche – in Lohn und Brot, eine Zahl, die bis 1998 etwa halbiert wurde, während der Sektor Handel, Banken, Versicherungen und Verkehr über diesen Zeitraum stabil etwa ein Drittel der lohnabhängig Beschäftigten angestellt hatte. Zwischen 1980 und 1994 gingen in der Düsseldorfer Stahlindustrie etwa zwei Drittel, im Maschinenbau etwa die Hälfte der Arbeitsplätze verloren.

Als Illustration mag das Beispiel Mannesmann dienen. 1970 hatte Mannesmann das Stahlwerk Oberbilk und von Thyssen die Röhrenwerke in Oberbilk und Lierenfeld übernommen, um bald darauf die Oberbilker Produktion ersatzlos stillzulegen. 1990 erhielt der weltweit renommierte Röhrenhersteller die Lizenz zum Betrieb des ersten privaten Mobilfunknetzes in der Bundesrepublik; innerhalb von zwei Jahren wurden in der Mobilfunk-Sparte bereits 1000 Menschen beschäftigt, 1999 beschloss der Vorstand, die Konzernaktivitäten auf die Mobilfunksparte zu konzentrieren. Nach monatelangem Gezerre und dem Einstreichen von Prämien in einer weithin als skandalös empfundenen Höhe stimmte der Aufsichtsrat im Februar 2000 der Übernahme durch die britische Mobilfunkgesellschaft Vodafone zu. Mit Vodafone und e-plus haben inzwischen der zweit- und drittgrößte Netzbetreiber von Mobilfunknetzen in Deutschland ihren Sitz in Düsseldorf.

Der Strukturwandel ging nicht ohne Konflikte vonstatten. Als 1975 das Klöckner-Werk stillgelegt wurde, erwarb das städtische Liegenschaftsamt dessen ehemalige Werkswohnungen auf der Kiefernstraße, um auf dem zentrumsnah gelegenen Grund zwischen Oberbilk, Flingern und Lierenfeld ein Gewerbegebiet entstehen zu lassen. Bis 1981 waren etwa 100 Wohnungen von den Mieterinnen und Mietern verlassen worden, vier Häuser wurden übergangsweise vom Sozialamt mit Flüchtlingen besetzt, weitere 60 Wohnungen wurden nach Besetzungen der Aktion Wohnungsnot übergeben und Nutzungsverträge mit den Bewohnerinnen und Bewohnern geschlossen, weitere Besetzungen erfolgten 1982. Die knapp eintausend auf der Kiefernstraße lebenden Menschen – Alte, oft ehemalige Angestellte bei Klöckner, Flüchtlinge, Asylbewerber, Sozialhilfeempfänger, Hausbesetzer, Studierende, Künstler – wurden Mitte der 1980er-Jahre durch die pauschale Bezichtigung, mit der terroristischen RAF zu sympathisieren, bundesweit bekannt und die „Kiefernstraße“ Gegenstand heftiger Debatten in der lokalen und nationalen Presse sowie im Stadtrat und im nordrhein-westfälischen Parlament. 1988 schloss die Stadt mit sämtlichen Bewohnerinnen und Bewohnern Mietverträge.

Schneller als andere Gewerbezweige erkannte die alternative Kulturszene die neuen Möglichkeiten der Industriebrache zwischen dem Oberbilker Markt und dem neben der Müllverbrennungsanlage gelegenen Vereinsgelände des einzigen Profifußballclubs der Stadt, „Fortuna Düsseldorf". Neben zwei großen Veranstaltungshallen entstanden auf der Ronsdorfer Straße Proberäume für Rockbands, an der Fichtenstraße eröffnete 1980 das Zentrum für Aktion, Kommunikation und Kultur (zakk) in der vorerst provisorisch hergerichteten ehemaligen Drahtfabrik, direkt neben den besetzten Häusern auf der Kiefernstraße. 1989, ein Jahr nach der Eröffnung des fertig ausgebauten Kulturzentrums, fand dort die erste PopKomm statt. Das sonst so sichere Gespür für die Verbindung von Kunst und Kommerz hatte Stadt und Messegesellschaft offenbar verlassen, so dass die Messe nach Köln – seit 2004 Berlin – ging und sich innerhalb weniger Jahre zur umsatzstärksten Musikmesse der Welt entwickelte.

Die Indifferenz städtischer Verwaltung und Öffentlichkeit zeitgenössischer Kunst und Kultur gegenüber hat ihre Tradition; eine gewisse kleinbürgerliche Ignoranz schuf andererseits abseits jedes größeren öffentlichen Interesses immer wieder die Spielräume für neue Ideen. Anders als in den großen Universitätsstädten, allen voran Berlin und Frankfurt am Main, ging die Bewegung, die landläufig unter dem Signum „1968" geführt wird, in Düsseldorf von der Kunstakademie aus und blieb sowohl programmatisch als auch von den Aktions- und Kommunikationsformen her Bestandteil des Diskurses über zeitgenössische Kunst. Die Symbiose von gesellschaftlich-politischem Protest mit Kunst – für die die Namen Joseph Beuys und Jörg Immendorff stehen können – verursachte innerhalb der Kunstakademie erhebliche Turbulenzen, ohne dass diese sich auf die weitere Stadt übertragen hätten. Düsseldorf sei, soll Beuys geäußert haben, *tausendmal besser als Berlin, nicht im geringsten anfällig für Fanatismus und überhaupt mit Politik. Damit haben die hier nichts am Hut.*

Gleichwohl kamen Akademie und Stadt international in

Düsseldorf: Stadt der Werbung. Mit Charles Wilps „super-sexy-miniflower-pop-op-cola"-Kampagne 1968 wurde der gezielte Tabubruch als Mittel der Öffentlichkeitsarbeit populär: Selbst die deutsche Werbeindustrie beschwerte sich über das Motiv der Cola-beschwipsten Nonnen.

den Ruf, bedeutender Sitz künstlerischer Avantgarde zu sein. Im Verbund mit dem glamourösen Ruf der bereits etablierten Modemesse IGEDO sowie dem Flair von Reichtum der Königsallee ergab sich die Stimmung eines „anything goes" als fruchtbarer Nährboden für die in der Stadt sich ansiedelnde Werbung. Werbespots für den VW Käfer und für Persil, das HB-Männchen und Meister Proper sind Düsseldorfer Schöpfungen der 1960er-Jahre, ebenso wie die aufsehenerregende Kampagne, die das Erfrischungsgetränk Afri-Cola zum Kultgetränk machen sollte. Letztere Kampagne stammte von dem Fotografen und Beuys-Begleiter Charles Wilp, dessen Atelier von Andy Warhol regelmäßig besucht wurde.

Diese gewissermaßen Düsseldorfer Schule, sich des Themas Pop Art anzunehmen, indem ohne weitere Berührungsängste zwischen Kunst und Kommerz Dinge des Alltags zu Kunst erklärt wurden und Kunst den Umgang mit den alltäglichen Dingen formte, trug ihren Teil dazu bei, aus der Altstadt jenen auch touristisch interessanten Gastronomiebezirk – „die längste Theke der Welt" – im Laufe der 1960er- und 1970er-Jahre zu formen. Neben die etwas biedere Gastronomie der 1950er-Jahre traten Lokale, die zwar die Düsseldorferinnen und Düsseldorfer eher erschrocken als amüsiert haben, die gleichzeitig aber weithin Aufmerksamkeit erregten und Publikum anzogen. So etwa das 1967 eröffnete „Creamcheese" in der Neubrückstraße, das als Gesamtkunstwerk an der 4. documenta 1968 in Kassel teilnahm.

Ein Jahrzehnt später wurde der Ratinger Hof zum Kreißsaal des deutschen Punk. Die wochenendlichen Versammlungen der Szene auf der Ratinger Straße lockten ebenso viele Punks wie Schaulustige in die Altstadt. Als der Ratinger Hof 1989 geschlossen wurde, atmeten weite Teile der Stadt auf, während „Der Spiegel" besorgt fragte: *Gibt es ein Leben nach*

Der Sänger der Punkband „KFC", Tommi Stumpf, begleitet den Karnevalszug über die Ratinger Straße. (Foto 1973)

dem Hof? Gemeinsam mit dem Autor Jürgen Teipel erinnerte die Kunsthalle Düsseldorf im Juli 2002 mit der Ausstellung „Zurück zum Beton" an die Anfänge von Punk und New Wave in Deutschland und in Düsseldorf.

Zuletzt hat die Altstadt vor allem von der Tieferlegung der Rheinuferstraße profitiert. Über Jahrzehnte lief unmittelbar am Rheinufer eine vierspurige Hauptverkehrsstraße, deren Verkehrsfluss die zum größten Teil verkehrsberuhigte Altstadt anstelle des Rheins umströmte. Mit der Eröffnung des knapp zwei Kilometer langen Tunnels und der Neugestaltung des Geländes um die 1984 bei Bauarbeiten unerwartet entdeckten Reste der Festungsmauern der frühneuzeitlichen Festung wurde in mancherlei Hinsicht an die 1902 bei der Gestaltung des Rheinuferbereichs verfolgten Ziele angeknüpft. Von der Kunstakademie im Norden der Altstadt erstreckt sich nun eine Promenade bis zum 1988 eröffneten nordrhein-westfälischen Landtag auf dem zugeschütteten ehemaligen Berger Hafen.

Auf der südlichen Tunnelöffnung steht das bereits als neues Wahrzeichen der Stadt gehandelte 75 Meter hohe Stadttor, in dessen oberen Etagen die Kanzlei des nordrhein-westfälischen Ministerpräsidenten eingerichtet ist. Größere Skrupel bei der dafür notwendig gewordenen Beseitigung des 1967 errichteten und unter Denkmalschutz gestellten Studienhauses wurden kaum geäußert. Vom Landtag aus südwärts am Rhein ist hinter dem WDR in den letzten Jahren – ebenfalls auf ehemaligem Hafengelände – der neue „Medienhafen" entstanden, der reichlich unbescheiden bereits mit den Londoner docklands verglichen wurde.

Die 1994 verstorbene Kabarettistin Lore Lorentz, mit ihrem Mann Kay seit 1947 „Gründer und Betreiber von Deutschlands dienstältestem Kabarett" – dem Düsseldorfer Kom(m)ödchen – beschrieb die merkwürdige Ambivalenz der Stadt zu ihrer Geschichte und ihrer Gegenwart folgendermaßen:

Die Stadt hat eine sichtbare Stärke, kein Dom überragt ihre Gegenwart. Ihre Schwäche – sie weiß nicht, daß es ihre Stärke ist. Sie hegt rührende, kleine Traditionen – und hält sich bei Heinrich Heine raus. Sie würde sich selbst um-

Düsseldorfs „Medienhafen“: Auf dem Gelände des zugeschütteten Berger Hafens entstand in den letzten Jahren neben dem nordrhein-westfälischen Landtag und dem WDR-Gebäude, unter dem Fernmeldeturm und dem „Stadttor“ ein Gewerbegebiet, das vornehmlich Medienindustrie anlocken soll.

graben, um ein römisches Mosaik zu finden – und hat noch nicht zur Kenntnis genommen, daß sie als mitteleuropäische Metropole der Gegenwartskunst gilt. ... Schlimmes wurde ihr in den letzten Jahren auch angetan! Werbewirksames zugefüttert, wie Schreibtisch des Ruhrgebiets oder Tochter Europas. Das bläht. Historischer Mund vernichtet. Klein-Paris!! So eine napoleonische Blödelei macht winzig.

Zeittafel

um 40 000 v. Chr.	„Neanderthaler" im Neandertal bei Düsseldorf
um 4500	erste durch Funde belegte Siedlungen im Stadtgebiet
600–700	fränkische Besiedlung
um 700	Suidbert gründet ein Benediktinerkloster im späteren Kaiserswerth
um 900	Gründung des Kanonissenstifts Gerresheim
um 1045	Kaiserswerth wird zur Königspfalz ausgebaut
um 1135 (unsicher)	erste urkundliche Erwähnung von Düsseldorf
1288	Schlacht auf der Fühlinger Heide bei Worringen Gf. Adolf von Berg verleiht Düsseldorf Stadtrechte
1303	ein Bürgermeister wird erstmals erwähnt
1306	Bestätigung des Kanonikerstifts in Verbindung mit der Pfarrkirche
1322	erste urkundliche Erwähnung eines Stadttors
1358	erste urkundliche Erwähnung eines Rates der Stadt
1368	Stadterhebung Gerresheims
1371	Erweiterung der Stadtprivilegien durch Gf. Wilhelm von Berg
1380	Erhebung der Grafschaft Berg zum Herzogtum; Hz. Wilhelm wird zum 2. Stadtgründer Düsseldorfs, wo er sich häufig aufhält
1382	erste urkundliche Erwähnung von Schloss und „Löwenhaus", Errichtung des Gasthauses
1384	Stadterweiterung von 4 auf 22 Hektar; Ausdehnung des Stadtrechts auf Golzheim, Derendorf und Bilk
1477	Ordnung für das Amt der Weinschröder, ältestes verfasstes Gewerbe der Stadt
1492/1510	Brände im Schloss
1510	Heirat Johanns von Kleve-Mark mit Maria von Berg
seit 1520	größere Bauarbeiten am Schloss, später Errichtung der Kanzlei, eines Ball- sowie eines Pagenhauses
1527	Düsseldorfer Religionsgespräch zwischen dem lutherischen Friedrich Mecum, sächsischer Hofprediger, und dem Kölner Domprediger Johann Heller von Korbach
1534	Hofordnung bestimmt Kleve und Düsseldorf als Hauptstädte des niederrheinischen Großterritoriums Jülich-Kleve-Berg-Mark
1545	Gründung des Gymnasiums
Mitte des 16. Jh.s	ca. 4000 Einwohner in der Stadt
1554	Polizei- und Bauordnung für die Stadt
1570–73	Bau des Rathauses am Marktplatz
1577–80	Pestepidemien
1585	Hochzeit Johann Wilhelms I. mit Jakobe von Baden

1592	Tod Hz. Wilhelms V.
1608	Hz. Johann Wilhelm verstirbt ohne regulären Erben
1609–14	Jülich-klevischer Erbstreit, gemeinsame Regentschaft von Brandenburg und Pfalz-Neuburg; Freigabe des Religionsbekenntnisses
1614	Konversion Wolfgang Wilhelms von Pfalz-Neuburg zum Katholizismus; Vertrag von Xanten: Jülich-Berg fällt an Pfalz-Neuburg
1617	Kapuziner in Düsseldorf
1627–29	Pestepidemie
1634	Explosion des Pulverturms richtet an zahlreichen Gebäuden schwere Schäden an
1639–49	Coelestinerinnen-, Karmelitessen- und Cellitinnen in Düsseldorf
1641	Verbot des lutherischen Gottesdienstes
1651	Franziskaner in Düsseldorf
1669	Großbrand, Pest, Rote Ruhr
1672	offizielle Anerkennung der beiden protestantischen Gemeinden
1673	erstes Neuansiedlerpatent
1674–79	Joachim Neander Rektor der reformierten Lateinschule
1677	Ursulinen in Düsseldorf
1679–1716	Regierungszeit Johann Wilhelms von Pfalz-Neuburg, ab 1690 Kurfürst von der Pfalz
1684	Vollendung der reformierten Kirche (Neanderkirche) zweites Neuansiedlerpatent
1687	Vollendung der lutherischen Kirche an der Berger Straße
1699	Errichtung der ersten „fliegenden Brücke“ über den Rhein erste Straßenbeleuchtung
um 1700	die Zitadelle ist als neues Stadtviertel weitgehend mit Bürgerhäusern bebaut etwa 8500 Einwohner in der Stadt
1706	jüdische Gemeinde wird unabhängig von der Köln Gemeinde
1714	Fertigstellung des Reiterstandbilds Kurfürst Johann Wilhems II.
1746	Besuch Karl Theodors in der Stadt
1755	kurfürstliche Bestätigung der Juristischen Akademie
1756–70	Errichtung des Rokokoschlosses mit Park in Benrath
1763	Fertigstellung Schloss Jägerhof
1769	Oberappellationsgericht in Düsseldorf
1770	Gründung der öffentlichen Bibliothek
1787	Anlage der Karlstadt
1790	etwa 20 000 Einwohner in der Stadt
1794	Beschuss französischer Truppen beschädigt das Schloss und weitere Gebäude
1795	Besetzung der Stadt durch französische Truppen
1801	Schleifung der Festung
1804	Anlage des erweiterten Hofgartens, der heutigen Königs- und der Heinrich-Heine-Allee
1805	Verbringung der Gemäldegalerie nach München
1806	Düsseldorf wird Hauptstadt des neu gegründeten Großherzogtums Berg
1815	Düsseldorf und das Rheinland werden im Wiener Kongress Preußen zugeschlagen

1818	erste Wahl eines Oberbürgermeisters in Düsseldorf
1821	Prinz Friedrich von Preußen residiert in Schloss Jägerhof
1822	Düsseldorf wird Sitz eines Regierungsbezirks
1824	Düsseldorf wird Sitz des Provinziallandttags
	Vereinigung der beiden evangelischen Gemeinden zur Union
1835	erste moderne Bauordnung
1836	Gründung der Köln-Düsseldorfer Rheindampfschiffahrtsgesellschaft
	erste Dampfmaschine in der Bleiweißfabrik Deus & Moll
	Theodor Fliedner gründet die Diakonissenanstalt in Kaiserswerth
1838	Eröffnung der Eisenbahnstrecke Düsseldorf-Erkrath
1839	Errichtung der Schiffbrücke
1848	Demokratisch-revolutionäre Bewegung
	Gründung des Künstlervereins „Malkasten" und des Düsseldorfer Turnvereins
	Umstellung der Straßenbeleuchtung von Öl auf Gas
1855	Bebauungsplan fordert Pflasterung der Trottoirs, Anlage der Friedrichstadt
1856	im Neandertal werden Knochenreste gefunden und von Johann Carl Fuhlrott als Überreste eines Frühmenschen gedeutet
1858	die Häuser des damaligen Stadtgebiets erhalten die noch heute gültige Nummerierung
1860	Anfänge der Röhrenindustrie, Verlegung der Poensgen-Werke nach Düsseldorf
	Gründung des Vereins deutscher Eisenhüttenleute
1864	Gründung der Gerresheimer Glashütte durch Ferdinand Heye
1866	städtisches Gaswerk, Ausbau des Gasnetzes
1869	städtisches Wasserwerk in Flehe, Anschluss von 200 Grundstücken an die Wasserleitung
1870	Eisenbahnbrücke in Hamm ist erste feste Rheinbrücke im Stadtgebiet
1872	Düsseldorf wird kreisfrei
	Das Schloss wird bei einem Brand weitgehend zerstört
1878	Verlegung der Henkel-Werke nach Düsseldorf
1880	Rheinisch-Westfälische Industrie- und Gewerbeausstellung
1889	Heinrich Ehrhardt gründet Rheinmetall
1891	Eröffnung des Hauptbahnhofes
1892	städtisches Elektrizitätswerk, elektrische Straßenbeleuchtung
1896	Einweihung des neuen Hafens an der Lausward
	Beginn der Elektrifizierung der Straßenbahn
1897	Verlegung der Mannesmann-Werke nach Rath
1898	Einweihung der Oberkasseler Brücke
1900	Düsseldorf hat über 200 000 Einwohner
1902	Industrie- und Gewerbe-Ausstellung für Rheinland, Westfalen und benachbarte Bezirke
1907	Eröffnung der Allgemeinen Städtischen Krankenanstalten mit einer Akademie für praktische Medizin
1908/09	Eingemeindung von Wersten, Eller, Gerresheim, Heerdt, Himmelgeist, Ludenberg, Rath, Stockum, Vennhausen

1910	Düsseldorf hat knapp 360 000 Einwohner
1911/12	Errichtung der Mannesmann-Verwaltung am Rheinufer
1917	Lebensmittelkrawalle und Plünderungen; Streiks bei Rheinmetall und Mannesmann
1924	Fertigstellung des Wilhelm-Marx-Hauses, des ersten Bürohochhauses Deutschlands
1925	Eröffnung des Flughafens und des Rheinstadions
1926	Große Ausstellung für Gesundheitspflege, soziale Fürsorge und Leibesübungen (GeSoLei)
1927	Medizinische Akademie erhält das Promotionsrecht in Verbindung mit der westfälischen Wilhelms-Universität Münster
1929	Eingemeindung von Benrath, Garath, Hassels, Itter, Kaiserswerth, Lohausen, Reisholz, Unterbach Einweihung der Südbrücke die Synagoge wird mit „Juda verreck!" beschmiert
1932	Umbau des Hauptbahnhofes Reichstagswahlen im Juli bringen der NSDAP in Düsseldorf knapp 30%
1933	Düsseldorf hat knapp 500 000 Einwohner; die jüdische Gemeinde zählt 5093 Menschen die Stadtverordnetenversammlung ernennt Adolf Hitler zum Ehrenbürger
1935	Gründung des Robert-Schumann-Konservatoriums unabhängiges Promotionsrecht der Medizinischen Akademie
1941	„Kennzeichnungspflicht" für 1400 jüdische Düsseldorfer Beginn der Deportationen
1942	Beginn der Großangriffe auf Düsseldorf
1945	17. April: Besetzung der Stadt durch die 97. US-Infanteriedivision 10. Juni: britische Truppen übernehmen die Besatzung 4. Oktober: Eröffnung einer Behelfsbrücke über den Rhein 10. November: erster Martinszug seit 1938, Wiedereröffnung der Medizinischen Akademie 25. November: Rückkehr des Reiterstandbildes auf den Marktplatz
1946	Düsseldorf wird Hauptstadt von Nordrhein-Westfalen
1950	Düsseldorf hat 500 000 Einwohner
1954	Toni Turek, Düsseldorfer Torwart des neuen Fußballweltmeisters Deutschland, wird von 200 000 Menschen in Düsseldorf empfangen
1957	Fertigstellung der Nordbrücke, seit 1964 Theodor-Heuss-Brücke
1958	Fertigstellung des Mannesmann-Hochhauses am Mannesmann-Ufer
1960	Einweihung der Berliner Allee Fertigstellung des Thyssen-Hauses, Verwaltungsgebäude der Phoenix-Rheinrohr AG („Dreischeibenhaus") am Hofgarten
1961	Demonstration zum Erhalt der Landskrone des Hofgartens Baubeginn der Trabantenstadt in Garath Düsseldorf hat über 700 000 Einwohner

1962	Hochstraße über den Jan-Wellem-Platz („Tausendfüßler") wird dem Verkehr übergeben
1665	Beschluss der Landesregierung, die Medizinische Akademie in eine Fakultät der zu gründenden Universität Düsseldorf umzuwandeln
1967	Eröffnung des Creamcheese in der Altstadt
1969	Eröffnung der Kniebrücke
1975	Stilllegung des Klöckner-Werks
1976	Verschiebung der Oberkasseler Brücke
1979	Eröffnung der Fleher Brücke
1980	Eröffnung des zakk (Zentrum für Aktion, Kultur und Kommunikation)
1987	Düsseldorf hat über 550 000 Einwohner
1988	Eröffnung des neuen Landtags auf dem zugeschütteten Berger Hafen
	700-Jahrfeier der Stadt
1991	Eröffnung des WDR Funkhauses im Hafen
1993	Der Rheinufertunnel wird dem Verkehr übergeben
1995	Einweihung der neu gestalteten Rheinuferpromenade
1996	Brandkatastrophe in der Ankunftshalle des Flughafens
1997	Grundsteinlegung von 3 Multiplexkinos, Wiedereröffnung des Carschhauses
1999	Eröffnung der Gehry-Bauten (Neuer Zollhof) an der Kaistraße
2000	Übernahme der Mannesmann AG durch den britischen Mobilfunkkonzern vodafone
2001	Eröffnung des neuen Bürohochhauses der ARAG Versicherung am Mörsenbroicher Ei, das unter Denkmalschutz gestellte alte Gebäude war zuvor abgerissen worden
	Wiedereröffnung des Schiffahrtsmuseums im Schlossturm am Burgplatz
	Eröffnung des Kunspalastes am Ehrenhof als „museum kunst palast"
2002	Eröffnung der Flughafenbrücke
	Einweihung der k21-Kunstsammlung im sanierten Ständehaus am Schwanenspiegel
	Eröffnung des europäischen Gartenkunstmuseums im Schloss Benrath
	Abriss des Rheinstadions
	Erster Ski-Weltcup im Langlauf auf einer Kunstschneestrecke am unteren Rheinwerft
2003	mit dem Zusammenschluss der Häfen von Düsseldorf und Neuss entsteht der drittgrößte Binnenhafen Deutschlands
2004	Grundsteinlegung für das Hochhaus GAP 15 am Graf-Adolf-Platz
2005	Erste Durchfahrtverbote für LKW im Innenstadtbereich wegen Feinstaubs
	Schließung der Gerresheimer Glashütte
	Eröffnung der LTU-Arena

Fürstliche Stadtherren

Grafen (seit 1380 Herzöge) von Berg, altbergisches Haus
Engelbert (1189)
Adolf (1189–1218)
Engelbert „der Heilige“ (1218–1225)

Haus Limburg
Heinrich (1225–1246)
Adolf (1247–1259)
Adolf (1259–1296) – *erhob 1288 Düsseldorf zur Stadt*
Wilhelm (1296–1308)
Adolf (1308–1348)

Haus Jülich
Gerhard (1348–1360)
Wilhelm (1360–1408, 1380 Herzog) – *erneuerte das Stadtrecht und erweiterte die Stadt, „zweiter Stadtgründer“*
Adolf (1408–1437)
Gerhard (1437–1475)
Wilhelm (1475–1511)

Haus Kleve
Johann (1511–1539) – *seit 1521 Herzog des „niederrheinischen Großstaats“ Jülich-Kleve-Berg-Mark*
Wilhelm „der Reiche“ (1539–1592) – *machte Düsseldorf zur Residenz des Territorialverbands*
Johann Wilhelm (1592–1609)

1609–1614: **Jülich-Klevischer Erbstreit**, gemeinsame Herrschaft durch brandenburgische und pfälzische Herren, schließlich geht Kleve-Mark an Brandenburg, Jülich-Berg an Pfalz-Neuburg

Haus Pfalz-Neuburg
Wolfgang Wilhelm (1614–1653) – *verlegte seine Residenz von Neuburg/Donau nach Düsseldorf*
Philipp Wilhelm (1653–1679)
Johann Wilhelm *„Jan Wellem“* (1679–1716) – *residierte als Kurfürst von der Pfalz in Düsseldorf, strebte den Ausbau der Stadt zu einer Metropole des europäischen Barock an*
Karl Philipp (1716–1742) – *residierte in Mannheim, hat Düsseldorf nie besucht*

Haus Pfalz-Sulzbach
Karl Theodor (1742–1799) – *beerbte 1777 die bayerische Linie der Wittelsbacher und verlegte die Residenz von Mannheim nach München*

Haus Pfalz-Zweibrücken-Birkenfeld
Maximilian Joseph (1799–1806)

1795–1801 war die Stadt von französischen Truppen besetzt, das Herzogtum Berg wurde 1806 Teil eines neuen, vom Kaiserreich Frankreich abhängigen Staates, des Großherzogtums Berg

Großherzogtum Berg
Joachim Murat (1806–1808)
Napoleon I. (1808–1809)
Napoleon Louis (1809–1813) – *der dreijährige Neffe Napoleons I. bekam formell die Herrschaft übertragen*

1813 wurde das Großherzogtum von russischen und preußischen Truppen besetzt und als **Generalgouvernement Berg** unter die provisorische Regierung durch Generalgouverneur Justus Gruner (1813–1815) gestellt, im Wiener Kongress ging das Großherzogtum Berg an das Königreich Preußen, dessen rheinischer Teil wurde Bestandteil der preußischen Rheinprovinz

Haus Hohenzollern
Friedrich Wilhelm III. (1815–1840)
Friedrich Wilhelm IV. (1840–1861)
Wilhelm I. (1861–1888)
Friedrich III. (1888)
Wilhelm II. (1888–1918)

Bürgermeister seit 1806

Erster urkundlich erwähnter Bürgermeister der Stadt war Heinrich Rumpolt (1303). Eine Liste der Bürgermeister des ancien régime von Rumpolt bis Lorenz Cantadore (1806) findet sich in: Friedrich Lau, Geschichte der Stadt Düsseldorf. 1. Band: Von den Anfängen bis 1815, Düsseldorf 1921 (ND 1980), 2. Abteilung, S. 288–290.

Maximilian von Pfeill, Maire (1806–1813)
Heinrich Schnabel, kommiss. OB (2. Dez. 1813–18. April 1814)
Tribunalrichter Degreck, kommiss. OB (18. März 1814–24. April 1815)
Dr. Engelbert Schramm, kommiss. OB (24. April 1815–19. Juli 1820)
Lambert Josten, kommiss. OB (19. Juli 1820–2. Juli 1822)
Joseph Molitor, kommiss. OB (2. Juli 1822–11. März 1824)
Leopold Custodis, kommiss. OB (11. März 1824–25. Okt. 1824)
Friedrich Adolf Klüber, OB (25. Oktober 1824–30. April 1828)
Philipp Schöller, kommiss. OB (1. Mai 1828–31. Aug. 1833)
Joseph von Fuchsius, kommiss. OB (31. Aug. 1833–4. Juni 1848)
Wilhelm Dietze, Oberbürgermeistereiverwalter (4. Juni 1848–10. Jan. 1849)
Ludwig Victor Graf von Villers, Oberbürgermeistereiverwalter (10. Jan. 1849–4. Aug. 1849)
Ludwig Hammers, Bürgermeistereiverwalter (4. Aug. 1849–11. Nov. 1850), Bgm. (11. Nov. 1850–29. Juni 1858), OB (29. Juni 1858–31. Juli 1876)
Friedrich Wilhelm Becker, OB (1. Aug. 1876–31. Mai 1886)
Ernst Lindemann, OB (1. Sept. 1886–31. Juni 1899)
Wilhelm Marx, OB (1. Juli 1899–22. Dez. 1910)
Dr. Adalbert Oehler, OB (18. Jan. 1911–30. Juni 1919)
Dr. Emil Köttgen, OB (2. Dez. 1919–31. März 1924)
Dr. Robert Lehr (DNVP), OB (12. Juli 1924–4. April 1933)
Dr. Hans Wagenführ, OB (13. April 1933–20. April 1937)
Otto Liederley, kommiss. OB (21. April 1937–13. Nov. 1937)
Dr. Dr. Helmut Otto, kommiss. OB (1. Dez. 1937–1. Okt. 1939)
Dr. Karl Haidn, OB (1. Dez. 1939–April 1945)
Werner Keyßner, provisor. OB (April 1945)
Dr. Wilhelm Füllenbach, provisor.OB (April 1945–Sept. 1945)
Walter Kolb (SPD), OB (Okt. 1945–Febr. 1946)
Karl Arnold (CDU), OB (1. Febr. 1946–4. Juli 1947)
Joseph Gockeln (CDU), OB (4. Juli 1947–10. Nov. 1956)
Georg Glock (SPD), OB (10. Nov. 1956–6. Dez. 1959)
Wilhelm Becker (SPD), OB (8. Jan. 1960–28. März 1961, 5. Okt. 1964–26. Sept. 1974)
Fritz Vomfelde (CDU), OB (28. März 1961–17. Nov. 1961)
Peter Müller (CDU), OB (14. Dez. 1961–5. Okt. 1964)
Klaus Bungert (SPD), OB (26. Sept. 1974–18. Okt. 1979, 18. Okt. 1984–3. Nov. 1994)
Josef Kürten (CDU), OB (18. Okt. 1979–18. Okt. 1984)
Marie-Luise Smeets (SPD), OBin (3. Nov. 1994–30. Sept. 1999)
Joachim Erwin (CDU), OB (seit 1. Okt. 1999)

Literatur

Die Literaturlage zur Düsseldorfer Stadtgeschichte kann ohne weiteres als hervorragend bezeichnet werden. Die wichtigsten Quellencorpora können vor Ort im *Stadtarchiv* und im nordrhein-westfälischen *Hauptstaatsarchiv* eingesehen werden; die *Universitäts- und Landesbibliothek* bietet ebenfalls wichtige Quellenbestände sowie die gesamte in Frage kommende Forschungsliteratur. Dies hat nicht zuletzt dazu geführt, dass am *Historischen Seminar der Heinrich-Heine-Universität* zahlreiche Forschungen getrieben wurden und werden, die sich mit Belangen der Stadtgeschichte befassen.

Als Forum und institutionell nicht gebundene Vermittlungsstelle zwischen Archiven, Museen, Bibliotheken, Universität und an der Stadtgeschichte interessierten Bürgerinnen und Bürgern versteht sich der 1880 gegründete *Düsseldorfer Geschichtsverein* mit seinem Organ „Düsseldorfer Jahrbuch. Beiträge zur Geschichte des Niederrheins".

Jede tiefer gehende Beschäftigung mit der Geschichte Düsseldorfs wird mit der von Hugo Weidenhaupt herausgegebenen großen vierbändigen Stadtgeschichte beginnen: *Hugo Weidenhaupt (Hg.): Düsseldorf. Geschichte von den Ursprüngen bis ins 20. Jahrhundert. 4 Bände, Düsseldorf, 2. Aufl. 1990.*

Daneben ist die in zwei Bänden 1921 erschienene Stadtgeschichte für den Zeitraum bis 1856 weiterhin, insbesondere als Quellenedition, noch empfehlenswert: *Friedrich Lau: Geschichte der Stadt Düsseldorf. Erster Band: Von den Anfängen bis 1815, Düsseldorf ND 1980; Otto Most: Geschichte der Stadt Düsseldorf. Zweiter Band: Von 1815 bis zur Einführung der Rheinischen Städteordnung (1856), Düsseldorf ND 1980.*

Spezialbeiträge auf dem jeweils aktuellen Stand finden sich im *Düsseldorfer Jahrbuch. Beiträge zur Geschichte des Niederrheins*, die Inhaltsverzeichnisse sind online recherchierbar <http://www.erlangerhistorikerseite.de/zfhm/djb.html>. Das Jahrbuch bietet zudem den Jahresbericht des Instituts für Denkmalschutz und Denkmalpflege, eine Chronik mit bemerkenswerten Ereignissen des vergangenen Kalenderjahres sowie vor allem einen umfangreichen Besprechungsteil, aus dem sich die aktuelle Literatur leicht erschließt.

Allein der Überblick über Neuerscheinungen zur Düsseldorfer Stadtgeschichte des aktuellen Jahrbuchs Bd. 76 von 2006 verzeichnet 34 Titel, darunter mehrere Bildbände, Reiseführer und Textbände, daneben 59 Besprechungen neuerer wissenschaftlicher Arbeiten zur Geschichte von Stadt, Land und Region.

Register

Ortsregister (Düsseldorf)

Stadtteile

Straßen und Plätze

Ortsregister (allgemein)

Personenregister

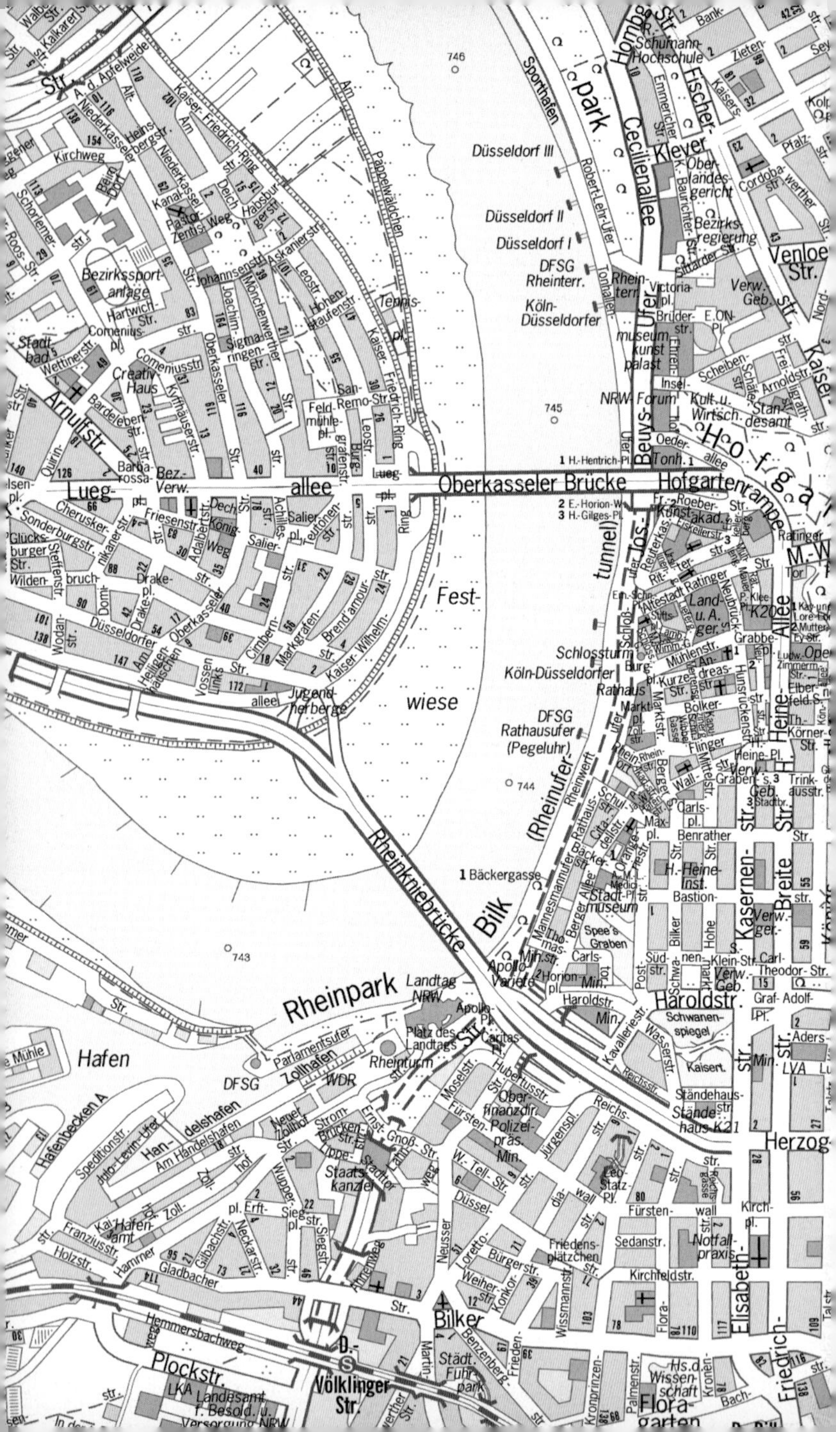

Oberkasseler Brücke
Hofgartenrampe
Luegallee
Rheinkniebrücke
Rheinpark
Festwiese
Hafen
Bilk
Hofgarten
Cecilienallee
Robert-Lehr-Ufer
Sporthafen
Kaiser-Friedrich-Ring
Pappelwäldchen
Düsseldorf III
Düsseldorf II
Düsseldorf I
DFSG Rheinterr.
Köln-Düsseldorfer
Schlossturm
Köln-Düsseldorfer Rathaus
DFSG Rathausufer (Pegeluhr)
Rheinufertunnel
Joseph-Beuys-Ufer
museum kunst palast
NRW-Forum
Oberlandesgericht
Bezirksregierung
Venloer Str.
Kaiserstr.
Ratinger Tor
K20
Heine-Allee
Kasernenstr.
Breite Str.
Haroldstr.
Herzogstr.
Landtag NRW
Rheinturm
WDR
Zollhafen
Parlamentsufer
Handelshafen
Hafenbecken A
Stadttor
Staatskanzlei
Stadtmuseum
Schwanenspiegel
Ständehaus K21
Friedrichstr.
Elisabethstr.
Bilker Kirche
D.-Völklinger Str.
Plockstr.
Hemmersbachweg
Städt. Fuhrpark
Floragarten
Bezirkssportanlage
Creativ-Haus
Jugendherberge
Düsseldorfer Str.
Arnulfstr.
Apollo Varieté
Notfallpraxis
Oberfinanzdir.
Polizeipräs.
Fürstenwall

Internetadressen

Allgemeines
www.duesseldorf.de (offizielle Homepage der Stadt mit vielen weiterführenden links)
www.duesseldorf-tourismus.de (Homepage der Düsseldorf Marketing & Tourismus GmbH)

Historisches
www.geschichte-in-duesseldorf.de (Plattform für Museen, Archive, Historische Vereine, etc., hervorragende Basis für historische Erkundungen)
www.duesseldorf.de/stadtarchiv (Homepage des Stadtarchivs mit umfangreichem Serviceangebot)
www.duesseldorfer-geschichtsverein.de (Homepage des Düsseldorfer Geschichtsvereins)
www.geschichtswerkstatt-duesseldorf.de (Homepage der Düsseldorfer Geschichtswerkstatt)
www.phil-fak.uni-duesseldorf.de/geschichte/ (Homepage des Historischen Seminars der Heinrich-Heine-Universität)
www.ub.uni-duesseldorf.de/ (Homepage der Universitäts- und Landesbibliothek)

Hochschulen
www.uni-duesseldorf.de (Homepage der Heinrich-Heine-Universität)
www.fh-duesseldorf.de (Homepage der Fachhochschule)
www.kunstakademie-duesseldorf.de (Homepage der Kunstakademie)
www.rsh-duesseldorf.de (Homepage der Robert-Schumann-Hochschule)

Kulturlinks
www.kulturserver-nrw.de
www.biograph-online.de/kulturlinks.php
www.musikszene-duesseldorf.de
www.mehrzweckbeutel.de

Bildnachweis

Bildarchiv Preußischer Kulturbesitz, Berlin: S. 71, 138
Walter Klein, Düsseldorf: S. 22
Landesarchiv Nordrhein-Westfalen / Hauptstaatsarchiv Düsseldorf: S. 25
Medienzentrum Rheinland, Düsseldorf: S. 13, 63, 81, 86
Nach: Jörg Engelbrecht / Clemens von Looz-Corswarem (Hg.), Krieg und Frieden in Düsseldorf. Sichtbare Zeichen der Vergangenheit. Veröffentlichungen aus dem Stadtarchiv Düsseldorf. Band 10, Düsseldorf 2004: S. 100
Nach: Hugo Weidenhaupt (Hg.), Düsseldorf. Geschichte von den Ursprüngen bis ins 20. Jahrhundert. Band 2, Düsseldorf 1988: S. 58, 77, 88
Nach: Hugo Weidenhaupt (Hg.), Düsseldorf. Geschichte von den Ursprüngen bis ins 20. Jahrhundert. Band 3, Düsseldorf 1988: S. 105
Sabine Schwabroh, Hamburg: S. 139
Stadt Düsseldorf – Vermessungs- und Katasteramt – Kontroll. Nr. 62/62–07/060: S. 10–11
Stadtarchiv Düsseldorf: S. 19, 20, 30, 33, 37, 42, 47, 48, 52, 91, 93, 97, 98, 114, 116, 119, 124, 131, 133
Günter Weirich, Düsseldorf: S. 141

Stadtplan: © Stadt Düsseldorf – Vermessungs- und Katasteramt – Kontroll. Nr. 62/62-07/060

Jülicher
Scharnhorst-str.
Euler-
Kinder-hilfe-zentrum
Jordan-str.
Schloßstr.
Lennéstr.
Zoo-park
Eisstadion
Düssel
Bolten-sternstr.
Stücker-str.
Speldorfer Str.
Scheidt-str.
Mülheimer Str.
Brehm-platz
Graf-
Fauna-str.
Tiergarten-
Recke-
Chamisso-
Fritz-Wüst-Str.
Fr.-Springorum-Str.
Klopstock-
Freytag-
Lindemann-
Hebbelstr.
Brahms-
Rubensstr.
Hans-Sachs-Str.
Holbein-
Rembrandtstr.
Prinz-
Georg-Str.
Winkelsfelder Str.
Carl-Mosterts-Pl.
Augustastr.
Wolker-Str.
Moltkestr.
Liebig-
Musikschul-Zentrale
Franklin-
VHS
Schmittmann-Str.
Stock-kampstr.
Nettelbeck-
Rochus-
Ehrenstr.
Bongard-
Rochus-markt
Campha-usenstr.
Bagel-
Arndt-
Derendorfer Str.
D.-Zoo
Rethel-str.
Achenbach-
Schiller-pl.
Paulus-pl.
Paulusstr.
Humboldt-
Herder-
Schiller-
Uhland-
Schumannstr.
Goethe-str.
Peter-Janssen-Str.
Schumannstr.
Karl-
Cranach-pl.
Degerstr.
Hoffeld-
Grafenberger Allee
Bez.-Verw.
Hermann-
Dorotheen-
Linden-pl.
Vagedesstr.
Mozartstr.
Ad.-v.-Vagedes-Pl.
Alt-Pempelfort
Schloss Jägerhof
Goethe-mus.
Jägerhofstr.
Malkasten
Jacobistr.
Pempelforter Str.
Adler-
Beuth-str.
Düssel-
Schirmer-
Thaler Str.
Schinkel-
S1 S6 S7
Wieland-
Wehrhahn
D.-Wehr-hahn
Kp.
Mendels-sohnstr.
Beethovenstr.
Neanderstr.
Acker-
Linden-
Birken-str.
Wülfrather Str.
Wetter-
Hermann-pl.
Platanenstr.
Dorotheen-pl.
Fortuna
Flur-
D.-Flingern
Nördl. Düssel
Goltsteinstr.
L.-Dumont-Str.
Schausp.-hs.
Bleichstr.
G.-Gründgens-Pl.
Am Tonhallen-str.
Kölner Str.
Gerresheimer Str.
Worringer Str.
Schadowstr.
Liesegangstr.
Wagnerstr.
Can.-Stador-
Börne-str.
Schützen-
Vinzenz-pl.
Leopold-
Stephanienstr.
Karl-Anton-Str.
Ost-
Hohenzollern-str.
Acker-
ASG
Gerresheimer Str.
Birkenstr.
Behren-
Stadtbad Düssel-strand
Kloster-
Ernst-Schneider-Pl.
IHK Börse
Immermann-
Kloster
Kurfürstenstr.
Worringer Pl.
Drogen-hilfe-zentr.
Tanzhaus NRW
Capitol Theater
Mettmanner Str.
Krahestr.
Erkrather
Höherweg
Hubbelrather Str.
Allee
Marien-
Phd. Deutschen Einheit
Bendemann-str.
Haupt-post
Worringer Str.
Langer-
Albert-
Engelbertstr.
Kettwiger
Kreuz-
Bismarck-
Verw.-Geb.
Friedrich-Ebert-Str.
Verw.-Geb.
Konrad-Adenauer-Pl.
Schlegelstr.
Eintrachtstr.
Moskauer
Albertstr.
Ruhrtal-
Stresemann-
Grupellostr.
Karl-
Düsseldorf Hbf.
Eifeler Str.
L.-Erhard-Allee
Erkrather Str.
Alexanderstr.
Oststr.
Charlotten-str.
Strese-mann-pl.
Adolf-
Harkortstr.
Verw.-Geb.
B.-v.-Suttner-Pl.
WBZ VHS
Verbraucher-zentr.
Goethe-Inst.
Kölner
Gesund-heitsamt
Warschauer
Kiefern-
Adolf-
BfA
K.-Rudolf-
Mintrop-
Ad.-Strasse
Mintrop-pl.
Adersstr.
Verw.-Geb.
DLZ
Schmöle-str.
Velberter Str.
Stahlwerk-str.
Werdener
Fichten-
Pinien-
zakk
Luisen-str.
W.-Becker-Allee
Eisen-
Stahlstr.
Eller-
Bogenstr.
IHZ
Oberbilker Markt
Scheurenstr.
Vulkanstr.
Dreieckstr.
Querstr.
Linien-
Mindener
Pionier-
Hütten-
holtzstr.
Industrie-str.
Höhen-
H.-H.-Schmitz-Str.
v.-d.-Werff-Str.
Josef-pl.
Josef-
Kölner
Bunsen-str.
Helm-
Siemens-
Lessing-pl.
Lessing-
Van-Douven-Str.
Apollinaris-
Armin-str.
Solinger Str.
Monheimstr.
Fürsten-pl.
Antoniusstr.
Halske-
Remscheider
Sonnen-str.
Sonnenstr.
Flügel-
Kirch-
Heer-
Markenstr.
D.-Friedrich-stadt
Oberbilker
Cornelius-
Morsestr.
Kepler-
Volksgartenstr.
Höhen-
Borsigstr.
Linienstr.
Gangel-pl.
Schmiede-
Stoffeler Str.
Hildebrandt-str.
Ringelsweide
Krupp-
Finanzamt Süd/Mitte
Emma-
Bezirks-sport-anlage
D.-Volksgarten
D.-Oberbilk
Sport-plätze
Allee
S6 S7